近代日本の社会と交通
【──── 7 ────】

鉄道企業と証券市場

片岡 豊

日本経済評論社

はじめに

　1987年に日本国有鉄道が分割民営化されてから随分と時間が経過した。「国鉄」という言葉も死語になりつつあるのかもしれない。民営化の結果として誕生したJR各社は、すでに利用者にとって馴染みの存在であり、巨大私鉄として認識されている。しかし振り返ってみればある意味で元に戻っただけのことである。日本の鉄道が明治の時代に私設鉄道を中心として発展してきたことは、一部の鉄道愛好家と歴史研究者しか知らないことであろう。1906年から1907年にかけての鉄道国有化によって、鉄道営業距離の67％を占めていた私設鉄道の多くが国有化され、90％（軌道を除く）は官設鉄道となった。これが1949年日本国有鉄道として引き継がれ、JRの母体となったのである。

　アメリカにおいても鉄道業は民間企業として発展した。鉄道を企業経営という側面からみるとき、その特徴はなんといっても大規模性にあるといえよう。アメリカで鉄道建設が始まった1850年代、当時最大規模の織物工場に対する投資額は50万ドルであったが、10年後の1860年にはペンシルヴァニア鉄道に3000万ドルが投資された。またこの時期、資本金規模25万ドル以上の工場はアメリカ全土で41社を数えるのみであったが、鉄道10マイル（約16キロメートル）の敷設には50万ドルを要したという[1]。

　鉄道企業の大規模性は、従来の企業では問題として顕在化しなかった多くの課題を経営者につきつけた。巨大組織における部門管理、固定資産に重点をおいた会計手法、直通輸送のための企業間連携など、企業内部におけるさまざまな問題が提出され、これらはひとつひとつ解決されていった。

　外部との関係で最も重要な問題は資金調達であった。巨大な装置産業である鉄道企業は必要とする資金が莫大であるため、内部留保のみによって設備投資を賄うことはほとんど不可能に近い。それゆえ資金調達を外部金融に頼らざる

を得ず、必然的に外部資金の導入が容易な株式会社形態を採用することになるのである。

　程度の差こそあれ、明治期の日本においても状況は同じであった。日本の近代産業は多くが株式会社として発展してきた。そのなかでも株式会社という企業形態の特性を最も効率的に活用したのは鉄道企業であったといえよう。

　本書の課題は、明治期の鉄道企業を株式会社制度と証券市場の観点から検討することである。鉄道に関する研究は、運行システム、技術史、路線史、鉄道専門用語など、特定の分野で独特な厚みを持っているが、本書の目的は鉄道企業を、株式会社形態をとる一般企業として分析し、あわせて株式会社が存立するための前提条件である証券市場の機能を理解することにある。

　本書で扱う時期は、私設鉄道が設立され始めた1880年代半ばから鉄道国有化直前の1905年までである。鉄道国有化後の証券市場は、それ以前とまったく性格を変えるため、同じ枠組みでは理解が困難であると考える。国有化後の証券市場については、改めて稿を起こしたい。最後に付言すれば、本書では「企業」と「会社」という2つの用語を意識的に区別して用いている。個別的な経営活動を問題にするときは「企業」、ある産業のなかで点として扱っているときは「会社」とした。この使い分けが妥当か否か、またそれに成功しているか否か、まったく自信はない。ご批判を頂きたいところである。

　なお本書は主として以下の論文を前提としている。

　　拙稿「明治中期の投資行動」『社会経済史学』第49巻第3号（1983年）

　　同、「明治期の株式市場と株価形成」『社会経済史学』第53巻第2号（1987年）

　　同、「明治期における株主と株主総会」『経営史学』第23巻第2号（1988年）

　　同、「明治期鉄道業の資金調達と証券市場」『鉄道史学』第17巻（2000年）

注
（1）　山下幸夫編著『経営史――欧米』（日本評論社、1977年）87頁。

目　　次

はじめに　i

第1章　株式会社の展開と鉄道企業 …………………………………… 1

第1節　株式会社とは　3
  1　永続性の原則　3
  2　法人格の成立　4
  3　会社機関の存在　4
  4　資本の証券化　5
  5　出資者の有限責任制の確立　5
  6　成果配当の規定　7

第2節　株式会社制度の導入と展開　9
  1　近世の企業　9
  2　株式会社制度の紹介　10
  3　会社企業の展開　11

第3節　鉄道業の展開　14
  1　鉄道業の性格　14
  2　鉄道ブーム　16

第2章　証券市場の展開 ………………………………………………… 23

第1節　投機と投資　25

第2節　株式取引所の設立　28
  1　株式取引所と取引所政策　28
  2　取引仕法　32

第3節　株式取引所の性格　34
  1　取引証券の変化　34

2　証券業者　37

第4節　場外市場の展開　39

　　1　場外市場の成立　39

　　2　取引所内株価と場外株価　42

第5節　株式市場と株価形成　46

　　1　株価決定要因　46

　　2　株式取引所における株価形成　47

　　3　場外市場における株価形成　52

　　4　株式取引所と場外市場の機能　58

第3章　鉄道業における株式投資収益率 …………………… 65

第1節　投資とリスク　67

　　1　資産選択としての投資　67

　　2　分析対象と株価データ　69

第2節　投資収益率の計算　71

　　1　インカム・ゲイン　71

　　2　キャピタル・ゲイン　74

　　3　標準偏差　75

　　4　土地利回りの計算　76

第3節　株式投資収益率　76

　　1　分析対象企業　76

　　2　鉄道業　77

　　3　紡績業　82

第4節　株式投資収益率　85

　　1　インカム・ゲイン　85

　　2　キャピタル・ゲイン　90

第5節　投資動機　97

第4章　株主と株式移動 ……………………………………… 107

第1節　株主の全体像　109

第2節　鉄道企業の株式移動　111

    1　日本鉄道　111
    2　関西鉄道　113
    3　九州鉄道　115
    4　山陽鉄道　117
    5　両毛鉄道　118
    6　阪堺鉄道　120
    7　第2次鉄道ブームに設立された鉄道企業　121
  第3節　創業株主と大資本家の資産運用　123
    1　リスク負担者　123
    2　株式担保金融　125
    3　財閥、華族の資産運用　128

第5章　鉄道企業の経営と資金調達　…………………………… 133

  第1節　財務構造と収益性　135
    1　資産の安全性　135
    2　収益力と費用　141
  第2節　資金調達手段と資本コスト　144
    1　増資と追加払込み　144
    2　株価と社債発行　147
    3　株式の資本コスト　150

第6章　鉄道企業の合併と株主総会　…………………………… 157

  第1節　会社機関としての株主総会　159
  第2節　評価額が株価を下回る条件による合併　160
    1　株式買占めによる合併　160
    2　唐津鉄道の合併と優先株　163
  第3節　評価額が株価とほぼ等しい条件による合併　167
    1　友好的合併　167
    2　合併条件と新株割当権　168
  第4節　評価額が株価を上回る条件による合併　170
    1　企業業績と合併条件　170

2　株主総会をめぐる株主の運動　172
　　　3　低株価企業の合併　176
　第5節　明治期における株主総会の意義　179

索　引　183

第1章　株式会社の展開と鉄道企業

第1節　株式会社とは

　近代における産業社会は、株式会社という企業形態をとることによって大きく発展した。近代産業の成長にとって不可欠な規模の拡大と新技術の採用は、企業に莫大な額の資金調達を要求した。株式会社というシステムは、社会的な資金の動員を容易にするという意味において、近代産業にかかわる企業がとらざるを得ない企業形態であったといえよう。

　しかしながら、この株式会社という企業形態が、いずれの地域においても順調に発展してきたというわけではないし、現在においても十分に展開しているということでもない。本書の口切りとして、まずは株式会社についての一般的な認識を準備するために、株式会社そのものの議論をしておこう。

　近代的な株式会社とは何であろうか。企業が近代的株式会社であるといえるための要件は、問題設定の方向によって重点の置き方が異なるが、ここでは本書にかかわる経済と経営の観点に限定し、いくつかの点について歴史的な経緯も含めて若干の解説を試みることとする。

1　永続性の原則

　近代的企業は一定の事業を遂行する継続的な事業体であると定義される。
　事業終了後に解散することを前提とし、期間を限定した事業活動によって利益を上げるために組織された団体は、近代的企業の範疇には入らない。
　世界で最初の株式会社はイギリス東インド会社といわれる。イギリス東インド会社は17世紀の初頭に、香辛料を求めて艦隊を組み喜望峰を廻りインドに向かった[1]。1601年の第1回航海は大きな利益を収め、その後も続々と艦隊が派遣された。当初この艦隊遠征はひとつの航海ごとに収支が計算され、航海後にすべてを清算して組織は解散された。しかし回を重ねるにつれ、航海が長期間にわたるためにインド現地において艦隊が重なり、東インド会社の艦隊間での競争が発生して結果的に収益率は低下した。1回の航海ごとの収益計算であ

る以上、このような会社内での競争は避け得なかった。

このような状況に加え、現地における拠点としての商館建設の必要性が高まってきた。しかし1航海ごとに収支が清算されるかぎり、商館建設に必要な莫大な費用は賄いようがない。そこで1613年の第13回の航海以降、組織が統一され資本金が継続されることとなったのである[2]。イギリス東インド会社が世界で最初の株式会社とされる所以はここにある。

2　法人格の成立

企業はそれ自体が法人として義務と権利を持ち、出資者の人格から独立している。

例えば、企業の利益はその従業員や出資者個人に所属するのではなく、第一義的には企業に所属する。したがって代表取締役社長であれ、発行済株式の過半を持つ大株主であれ、企業の利益を独断で運用することは出来ない。企業の獲得した利益は、所定の手続きによって企業という組織そのものが処分をする。

負債もまた同様である。もしある銀行の企業に対する貸付が不良債権化し、返済不能になったとしても、その債務の履行を取締役や株主個人に求めることは出来ない。債務の返済は企業が責任を負うのであり、ひとたび企業が倒産すれば最悪の場合、債務は棒引きとなる。このような法人としての企業は擬人化された人格であり、会社の設立登記とともに誕生し、倒産あるいは解散によって死亡する。

3　会社機関の存在

近代的株式会社は所有と経営の分離を前提としており、それを実体化する企業内の機関が存在していなければならない。それが取締役会と株主総会である。

経営の権限と責任は取締役会が持つ。経営の方針を立て、それを実行に移すのは取締役（いわゆる重役）によって構成される取締役会（いわゆる重役会）の仕事である。したがって、経営が失敗したときに責任を負うのは取締役と取締役会であり、一般の職員は責任を問われない。

出資者の権利を保証する機関が株主総会である。株主総会は通常年に1回もしくは2回開催され、定款の変更、資本金の変更（増減資）、合併、役員の選任など[3]、企業の重要事項が1株1票の採決によって決定される。その意味で株主総会は株式会社における最高意思決定機関であるといえる。

4 資本の証券化

出資者の権利義務は譲渡自由な株式という証券を保有することで発生する。

株式によって集められた資金が資本金である。株式会社設立時に、株式1株に対して支払われる金額が額面金額であり、古典的な形態においては、資本金は額面金額と発行株式数をかけた額に等しい[4]。株主すなわち投資家は株式会社設立時に1株に対して額面金額分の資金を投資することによって1株を手にする。したがって保有株式の総発行株式数に対する比率は、資本金に対する自己の出資分の比率と同じであり、それは株式会社に対する自己の「持分」を表わすことになる。資本金は定款に規定され、株主総会の承認など所定の手続きを経なければ変更できない（資本不変の原則）のは、投資家の持分を確定するためである。

株主の保有する株式は売買譲渡の自由が保障されていなければならない。それは株主が自己の判断で投資先を自由に選択する権利を持つことによって、株式を通じての社会的資金の動員を一層容易にするためである。

株式の譲渡売買の自由を、実質的に保証するのは株式市場の存在である。株式市場はイギリスに始まるが[5]、国によって有り様はさまざまである。いずれにせよ株式市場が十分に機能していることが、株式会社の発展に不可欠な要素であることに変わりはない。

5 出資者の有限責任制の確立

出資者の責任は出資額に限定される。より現実的には、企業が倒産したときに残された負債に対して出資者に支払い義務はないということである。出資者の損失は出資分の株式が紙切れになるということだけである。これが有限責任

性である。

　従来の企業形態と比較して、株式会社制度が持つ最も斬新なシステムが有限責任制である。しかし株式会社制度を生んだイギリスにおいて、この有限責任制が定着するためには100年以上の歳月を要した。

　18世紀前半、イギリス経済は海外事業を中心に株式ブームがおきた。その頂点は1711年に設立された南海会社であった。1720年前半、折からのブームに乗り1月に128ポンドであった同社の株価は6月には1080ポンドにまで急騰、これに206の泡沫会社の設立が続き、イギリスの全国民が投機に走ったといわれるほどの事態となった。バブルの発生である[6]。これは山師的企業家と証券業者の株価操作によるものであった。株価は7月をピークに暴落、多くの国民が損害を受けた。この南海泡沫会社事件は責任者3名の処刑で終わるが、イギリス経済のダメージは大きかった[7]。

　この南海泡沫会社事件を受け、イギリス政府は1720年バブルアクト（泡沫会社禁止法）を制定した。その内容は、2つの海上保険会社を除き、株式会社組織の会社設立には国王の特許状か議会の特別立法を必要とするというものであった。特許状にせよ特別立法にせよどちらにしても莫大な費用と時間がかかり、通常の企業にとって株式会社形態の採用は事実上不可能となったのである[8]。その結果、18世紀半ばから19世紀半ばまでイギリスにおける企業形態は無限責任制をとるパートナーシップ制が主流となった。

　無限責任制とは、出資者が企業のすべての債務に対して責任を負う企業形態である。具体的にいえば、企業が倒産したときその負債は出資者がすべて返済義務を負い、私財を提供してでも返済しなければならない。したがって出資者が経営に無関心でいることは許されず、通常は出資者が経営者を兼ねる。その意味で経営者のモラルハザードを回避するにはきわめて有効な形態である。

　しかしながら、パートナーシップ制は、資本のみでなく経営も共同ですることが多いため人的なつながりが必要であり、出資者は通常で2、3人、多くても数人程度であった。当然ながら資金調達には大きな制約となった。世界で最初の工業国家といわれるイギリスにおいて、産業革命はこのパートナーシップ

制企業によってなされたのである。

　産業化が進展し、企業規模の一層の拡大が要求されるようになると、パートナーシップ制の限界は次第に明らかとなり、イギリス国内でも大規模企業設立の阻害要因であるバブルアクト改正の気運が高まってくる。有限責任制企業設立への動きである。法律改正は19世紀を通じて徐々に進行した。そしてついに1856年、7人以上のメンバーからなる会社は有限責任制をとりうるという株式会社法が制定され、1862年の株式会社法によって設立にさいしての準則主義と有限責任制が認められるのである。ただし有限責任制をとる企業は会社名の後に"Limited"[9]という断り書きを付けなければならなかった。これは有限責任であることを明示し、経営者のモラルハザードの危険性を株主に警告するためのサインであるといってよいであろう。株式会社の制度は確かに近代的ではあるが、それは決して投資家にとって企業の安全性を担保するものではない。

6　成果配当の規定

　株主は企業利益に応じた利益の分配を受ける権利がある。

　企業が利益を上げたとき、株主は保有株式数（持分）に見合った配分を受ける権利がある。これが株式配当であり、通常1株当り何円という形で表現される。株式の額面金額に対する1株当り配当金の割合を配当率といい、年利、％、で表わされることが多い。

　しかし額面金額は企業設立時に株式1株について支払った金額であるから、創業株主にとってのみ意味のある数値である。企業の創業後は株式には株価がつき、これ以降に株式を購入しようとする投資家は、市場の株価で株式を購入する。したがって彼らにとって意味のあるのは、額面金額ではなく、株価に対する配当の比率である。これが配当利回りである。配当利回りはやはり年利、％、で表現される。

　配当率と配当利回りの計算については、第3章で述べる。

　企業経営者は、みずからの企業の利益を、さまざまな積立金の形で出来るかぎり社内にとどめ置こうとする。これが内部留保であり、いわば企業の貯金で

ある。企業が資金を調達しようとするとき、外部資金は必ずコストがかかるが、社内留保は資本コストのいらない資金であり、企業にとっては有利な資金といえる。経営者が内部留保を厚くしようと努めるのはそのためである。

一方、配当金は企業の手元に残った税引き後の最後の利益である当期利益から出される。当期利益はおおまかに役員賞与、株式配当金、諸積立金の3つの形で処分される。したがって、配当が多くなればなるほど企業の内部留保は薄くなる。配当金は経営者にとって社外への流出金であり、できれば少ない方が望ましいのである。当期利益に占める配当金の割合を配当性向というが、この数値は経営者の株主に対する姿勢や、株主と経営者の力関係を表わすものでもある。おおまかにいって配当性向は株主の力が強ければ高く、経営者が優位な立場にあれば低い。配当に関する事柄は株主総会の議決によって決定されるが、配当率や配当性向の数値は経営者と株主の総会における綱引きの産物である。

企業は常に利益を上げ続けるわけではない。配当をしようにもその資金がない状況に陥ることもある[10]。しかし配当できず株式が無配となると、株価が下落し、企業の資金調達が困難になることが予想される。このとき決算を粉飾し無理に配当を行うことを、「タコ配」という。真偽は不明であるが、タコは飢えているときに餌がないと、自らの足を食べるといわれている。配当原資がないにもかかわらず配当するのは、企業が自らの身を食べるのと同じであるという意味である。「タコ配」は商法で禁じられている。

さらに赤字決算が続き、債務超過ともなれば、欠損を補填するために減資を行うことも避けられない。減資とは株主の持分である資本金そのものを減らすことであり、株主の権利に大きな影響をあたえる。そのため現在では減資を行うには株主総会の特別決議[11]が必要とされている。

冒頭に述べたように、関心のあり方によって株式会社はさまざまに規定されるが、それは必要に応じてその都度言及することとしよう。

すでに述べたように、株式会社制度を生み出したイギリスにおいても、その定着にはおおよそ100年を要した。それでは日本においてはどうであったろう

か。日本において株式会社の制度はほんの10年ほどで定着したのである。次節では明治期における株式会社の展開過程を検討しよう。

第2節　株式会社制度の導入と展開

1　近世の企業

近代日本は欧米から多くの事物を移入したが、株式会社制度もそのひとつであった。日本はすでに江戸時代において成熟した経済社会を形作っていた。農業生産力の増大を背景に、近世的な意味においてではあるが商工業も高度に発展し、統一的国内市場も形成されていた。

経済システムもすでに近代的な姿を完成させていた。両替商による為替手形を介した商業信用決済システムは、江戸時代半期には国内ネットワークを形成しており、両替商は現在の銀行と同様な機能を持っていた[12]。大坂堂島の米会所では米の取引が行われていたが、現在の商品取引所と実質的に変わるところはなかった。米の実物取引は、米の請求権を表わす「米切手」という有価証券の売買で行われた。さらにその実物取引のリスクをヘッジする先物取引も制度化されており、これを「帳合米取引」といった[13]。商品市場における先物取引は世界的にもこれを嚆矢とする。

企業レベルでみても、商家はさまざまな業態を展開し専門化していった。共同出資の事例も少なくなく、必ずしも単独の家族資産による経営に限定されていたわけではない[14]。近世における商家はいわばパートナーシップ制であったといってもよいであろう。企業形態としては無限責任制であり、倒産時には私財のすべては換金され債務の処理に充てられた。これを「身代限り」というが、その実務は強制執行であり奉行所の管理の下に行われた[15]。

商家は単なる家族経営ではなく、法人的な色彩を持つ商家も存在していた。江戸時代の代表的な商家である三井家は伊勢松坂に発するが、元禄期に「呉服日本橋越後屋」（後の三越）を出店し成功を収めた。呉服店を拡大する一方で

両替商にも進出し、1691年には幕府の為替御用達を任ぜられ、官金取扱を担当するまでの存在となった。商家としての三井は江戸時代を通じて三井同族十数家が店を構えていた。各店には三井一族の当主が配属されており、大幅な権限を持って経営に当たっていたが、三井家全体の最高意思決定機関は合議制で運営された大元方であった。各家はそれぞれに割り当てられた「持分」を大元方に出資し、大元方は合議で投資先の店を決定し、利益は「持分」に応じて各家に分配された。各店の営業財産は大元方の所有とされ、当主は経営においてこそ権限を持っていたが独立は認められなかった。つまり各店は三井という企業体の支店という位置づけであり、本店機能は大元方が持っていた。要するに、明文化されてこそいなかったが、三井家という企業体は実質的には法人組織であったといってよいであろう[16]。

江戸時代において金融システム、有価証券とその流通市場、債権債務概念の厳格化、共同出資、法人組織などの制度はすでに準備されていた。しかし出資に対する「持分」の証券化と有限責任制の概念は生まれなかった。その意味で株式会社という企業形態は存在しなかった。

2 株式会社制度の紹介

明治期における株式会社制度の紹介に大きな役割を果したのは、1871年に大蔵省から刊行された福地源一郎訳『会社弁(かいしゃべん)』と渋沢栄一著『立会略則(りゅうかいりゃくそく)』という2つの小冊子であった[17]。『会社弁』を著した福地源一郎は1860年に幕府遣米使節として渡米、その後も2度遣欧使節に随行している。『会社弁』はこの経験を踏まえ、ウェーランドの経済学などを抄訳したものである。『立会略則』は『会社弁』の解説書として渋沢栄一よって著された。渋沢は日本近代を代表する実業家として名高いが、明治維新の際には一橋家の家臣としてパリの万国博覧会に派遣された。フランス滞在の2年間、彼は西欧の金融制度を学び日本に戻る。

2つの冊子とも会社組織の有用性と、具体的な内容を解説しており、いわば会社設立の啓蒙書といえるものであったが、まだ有限責任制は明確に意識され

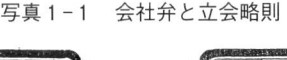
写真1-1　会社弁と立会略則

出所：『明治文化全集　第九巻　経済篇』。

てはいない⁽¹⁸⁾。この2冊は大蔵省から各府県に配布され、株式会社設立にさいしての手引書の役割を果したが、商法が制定されていない状況では半ば法令的な色彩を持った。この数年後、この手引き書にしたがって陸続と企業が設立されることになる。

3　会社企業の展開

　日本で最初の本格的な株式会社といえるのは国立銀行であった。国立銀行は名称こそ国立とあるが、株主5人以上からなる純粋な民間株式会社であり、国立銀行条例の規定の下に設立されたためにこのような名称がつけられた。国立銀行では、有限責任制の明確化、取締役会と株主総会の設置、株式の譲渡売買の自由などが明確に規定された⁽¹⁹⁾。株式の譲渡売買について取締役会の承認を要するという若干の制約はあったが、ほぼ現在の株式会社の要件を備えていた。

　1870年代末、折からのインフレ下で日本は最初の企業設立ブームを経験する。

しかしこのブームで設立された企業の少なからぬ部分は内容を伴わない泡沫企業であり、形式的にも株式会社として不備な点が多かった。資本確定・不変の原則の曖昧性、株式の譲渡制限、株主総会における議決権規定の不備[20]、有限責任制と無限責任制の併存など、近代的な株式会社の形態をとっていない企業も多かった。商法が存在していない以上、やむを得ざる状況であったというべきであろう。多くの企業が株式会社としての体裁を整えるには1893年の商法一部施行を待つ必要があった[21]。

　明治政府の不換紙幣政策、秩禄処分[22]に代表される公債政策はインフレーションを招き、西南戦争の戦費調達のために発行された銀行券の大量発行はそれに輪をかけた。インフレーションはいっこうに収まらず、物価は上昇を続けた。1881年大蔵卿に就任した松方正義は紙幣整理を目的としたデフレ政策をとった。間接税を中心とした増税政策と日本銀行による国立銀行を通じての銀行券の消却は[23]、民間における金融逼迫を引き起こし、経済は深刻な不況局面にいたる。この松方デフレの過程で、70年代末に設立された泡沫企業はそのほとんどが淘汰されていった。

　このような状況のなかでも、いくつかの企業は松方デフレを乗り切り、会社制度への信頼を高めた。日本鉄道、大阪紡績、東京海上火災、明治生命、大阪商船などの企業は明治10年代前半期の代表的な株式会社であり、良好な業績を上げることに成功し、株式会社経営の現実の見本となったのである。これらの企業の多くは近代のみならず現在にもつながる日本の代表的な企業に成長していったが、明治初期におけるその<u>デモンストレーション効果</u>は、1880年代末の本格的な企業設立ブームの到来に大きな役割を果したといってよい。

　松方デフレによる紙幣整理の結果、紙幣価値は安定し、物価、利子とも低下した。1886年には銀兌換の政府紙幣が発行され、銀本位制が確立する。さらに折からの金に対する銀の減価という国際的条件も、実質的な銀本位国であった日本に有利に働き輸出は急増した。産業は急速に活況に転じ、企業の新設、拡大が相ついだ[24]。日本は1880年代末から本格的な企業勃興期を迎えることになる。

1886年から1889年までのおおよそ3年間、第1次企業勃興期と呼ばれる会社設立ブームが到来する。1885年から89年にかけて会社数は2.1倍、公称資本金は2.0倍に達した(25)。1889年末の会社数は4067社、公称資本金1億8562万円、払込資本金9082万円(26)、株主は22万4609人を数えた。1社平均では公称資本金4万5148円、払込資本金2万2331円、株主数は55.2人であった。

　部門別でみると農業部門（水産・林業を含む）21業種、工業部門（鉱業・電燈を含む）48業種、商業部門（金融・倉庫を含む）60業種、運輸部門4業種、合計133業種が記録されている。これらの会社を1社についての平均公称資本金と平均株主数によって分類すると、4つのタイプに分類される(27)。

Ⅰ．少数出資者小資本型：煙草、石鹸、摺付木（マッチ）、味噌醤油、陶磁器など、在来産業に関する業種。
Ⅱ．少数出資者大資本型：鉱業、造船、外国貿易、用達業など、財閥主導の業種。
Ⅲ．多数出資者小資本型：養蚕、竹細工、茶業、開墾、耕作など、零細農民の共同出資によると思われる組合。
Ⅳ．多数出資者大資本型：鉄道、紡績、保険、海運、電燈など、財閥主導でない近代産業。

　これら4タイプのうち株式会社形態が支配的であったのはⅣの多数出資者大資本型であった。企業規模の大きさゆえに多額の資金調達を必要とする近代産業が、株式会社の形態を採用するのは必然であり、鉄道企業もここに分類される。逆にいえば設備産業の最たる存在である鉄道企業は、株式会社の形態があってはじめて存立する産業であるともいえるのである。

　日清戦争（1894～95年）後、日本経済は再び企業設立ブームに沸く。第2次企業勃興期とも呼ばれるこの好況は1901年頃まで続くが、これ以降日本は本格的な産業社会に移行してゆく。

表1-1 鉄道会社と払込資本金

(単位：千円)

年次	全社		鉄道会社			
	会社数	払込資本金	会社数	(％)	払込資本金	(％)
1894	3,240	255,343	20	0.6	59,177	23.2
1895	3,764	307,422	24	0.6	71,626	23.3
1896	4,571	396,454	27	0.6	83,491	21.1
1897	6,052	529,323	31	0.5	116,702	22.0
1898	6,940	620,739	42	0.6	153,925	24.8
1899	7,486	672,393	43	0.6	169,999	25.3
1900	8,429	767,899	41	0.5	181,267	23.6
1901	8,444	818,216	40	0.5	192,811	23.6
1902	8,460	865,499	40	0.5	202,604	23.4
1903	9,105	874,221	41	0.5	208,286	23.8
1904	8,781	930,589	38	0.4	215,922	23.2
1905	8,949	975,413	38	0.4	223,337	22.9
1906	9,295	1,069,353	26	0.3	125,948	11.8
1907	10,056	1,113,901	20	0.2	24,346	2.2

出所：藤野正三郎・寺西重郎『日本金融の数量分析』（東洋経済新報社、2000年）、逓信省鉄道局『鉄道局年報』各年度。
注：鉄道会社は馬車鉄道は除く。

第3節　鉄道業の展開

1　鉄道業の性格

　日本の鉄道はよく知られているように、1872年の品川〜横浜間の開通に始まる。しかしその後の展開は官有鉄道（官鉄）ではなく、むしろ私有鉄道（私鉄）を中心として進んだ。1906年から07年にかけて行われた鉄道国有化前の05年、全鉄道敷設距離の63％は私鉄であった。鉄道国有化後、敷設距離の90％以上は国有となるが、主要幹線の多くは民間の鉄道企業によって建設されたものである。
　日本の私鉄はすべて株式会社の形態で設立された。これは日本にかぎったことではなく、欧米各国でも同じである。大規模な資本を必要とする鉄道業は、

表1-2　鉄道会社の開業年度

年次	会社名
1883	日本
1884	阪堺
1888	両毛　伊予　山陽　水戸
1889	甲武　大阪　讃岐　九州　関西　北海道炭礦
1891	筑豊興業
1892	釧路
1893	摂津　参宮　佐野
1894	総武　播但　青梅
1895	豊州　道後　浪速　房総
1896	南和　南予　成田　京都　阪鶴
1897	中越　上野　北越　豊川　南海　太田　高野　河陽
1898	尾西　紀和　七尾　奈良　豆相　近江　岩越　伊万里　中国　徳島
1899	京都　東武
1900	龍崎
1901	上武　河南
1902	北海道
1903	博多湾

出所：前掲『鉄道局年報』各年度。

社会的資本の動員なしには成り立ち得ない。産業革命期にまだ鉄道が発明されていなかったイギリスを除き、いずれの国においても株式会社制度導入の初期段階において、株式会社の中心は鉄道企業であった。ただしそれは、会社の数ではなく、その規模においてである。

　表1-1は明治期における株式会社と鉄道会社の概略を会社数と払込資本金からみたものである。第1次企業勃興期以降も全国の会社数はほぼ毎年増加を続け、1907年には1万社を数えた。払込資本金総額は11億円を超えるが、これを1社平均にすると約11万円になる。一方鉄道業をみると、会社数は最大で1899年の43社、鉄道国有化直前は38社であり、全会社数に占める割合は1％に満たない。しかし資本金ベースでみると、鉄道国有化前においては、鉄道業の払込資本金は、常に払込金資本金総額に対して20％以上の比重を持っていた。つまり全株式投資の2割以上は鉄道株に向けられたということである。鉄道業1社平均の払込資本金は1905年時点で約588万円であり、企業として他の産業とは隔絶した規模を持っていたことがわかる。

表1-3 免許状の下付と出願

年次	免許状			仮免許状			
	新設	出願中	未開業解散	新設	出願中	申請却下	失効・返納
1887以前	10	2		3			
1888	1	2		1	4	1	
1889	4		1	6	4	10	2
1890	2			1	2		
1891		4					
1892	4	3		1	4		
1893	9			2	34		
1894	1	＊4		20	＊51		
1895	11	14		11	99		
1896	17	24	1	29	555		
1897	17	23		29	307	291（14）	
1898	8	30	16	26	44	260（16）	15
1899	5	27	4	11	43	12（2）	9
1900	5	17	5	6	31	17（5）	11
1901		14	3		28	6（2）	16
1902	2	10	2	2	24	5（5）	12
1903	1	9	4	1	22	6（3）	2
1904		8	3	1	24	1	1
1905	1	7	1	3	24	1	
計	98	198	40	153	1300	599（47）	68

出所：前掲『鉄道局年報』各年度。
注：(1)「出願中」は当該年度末件数。1893年までは新設会社件数、1894年＊以降は新設既設の合計件数。
　　(2)「申請却下」は件数、また（　）内は既設会社によるもの。
　　(3)「失効・返納」は新設会社による件数。
　　(4) 空欄は記載なし。

2 鉄道ブーム

　表1-2は鉄道会社の開業年度一覧表であるが、開業時期には2つのピークがみてとれる。ひとつは1888年と翌89年であり、第1次企業勃興期とおおむね重なる。このピークは第1次鉄道ブームといわれ、すでに開業していた日本鉄道と合わせて5大鉄道と呼ばれる、山陽、九州、関西、北海道炭礦の大規模鉄道、そして伊予、大阪、甲武などの都市近郊路線が中心であった。

　第2次企業勃興期に対応する形で1896年から98年にかけてもうひとつのピー

クがあらわれる。この 3 年間に20社以上の鉄道会社が開業したが、南海鉄道を除き(28)、すべて地方鉄道であった。

明治期において鉄道の敷設は私鉄であっても政府の許可を必要とした。鉄道を開業しようとするものはまず仮免許状を申請し、計画の内容や他線との競合などが検討されたうえで、仮免許状下付の可否が決定される。仮免許状を下付されたのちさらに免許状を申請するが、ここでも同様な審査が行われ、ようやく免許状が許される。仮免許状、免許状とも有効期限が設定されており、期間内に必要な準備がなされないときは、免許状は失効する。すでに開業している鉄道会社が新規に路線を施設しようとするときも同様な手順が要求された。

表 1-4　鉄道企業の合併

	合併企業	被合併企業
1891	日本	水戸[(1)]
1896	日本	両毛
	関西	浪速
	阪鶴[(4)]	摂津
1897	九州	筑豊
	奈良	初瀬[(3)]
1898	南海	阪堺
	九州	伊万里
1899	河南[(4)]	河陽
1900	関西	大阪
	伊予	道後、南予
1901	水戸[(4)]	太田
	九州	豊州、唐津
1902	山陽[(2)]	播但
1904	山陽	讃岐
	関西	南和、奈良、紀和

出所：前掲『鉄道局年報』各年度。
注：(1) 水戸は1901年水戸とは別会社。
(2) 合併承認株主総会は山陽1902年、播但1901年。
(3) 初瀬は未開業。
(4) 阪鶴―摂津、河南―河陽、水戸―太田の合併は合併企業新設のうえ、被合併企業を引継ぎ。

表 1-3 は鉄道国有化前における免許状の出願と下付の状況を示したものである。国有化までに開業した鉄道会社は延べ48社である。しかし仮免許状の申請は、実に千件を優に超えていた。とくに第 2 次鉄道ブーム時の1896、97年には、年間数百の単位で仮免許状の出願がなされた。まさにブームと呼ぶにふさわしい状況が現出したのである。

しかし実際に仮免許状が下付されたのは出願件数の 1 割程度にすぎず、多くは申請が認められず却下された。また仮免許状を下付された場合でも、期限切れで失効、あるいは計画が進展せず自ら返納する場合も少なくなかった。仮免許状を取得し免許状を申請する段階でも多くの計画が頓挫した。免許状の出願は200件近くにのぼったが、確認されただけで少なくとも40件は未開業のまま解散している。最終的には98の新設鉄道会社に免許状が下付された。しかし実際に開業にまでこぎつけたのは48社にすぎなかった。

表1-5　鉄道会社の資本金規模（全37社：1905年）

(単位：千円)

5大鉄道（5社）		都市近郊鉄道（5社）		地方鉄道（27社）	
会社名	払込資本金	会社名	払込資本金	会社名	払込資本金
日本	50,400	甲武	2,665	北海道	6,340
山陽	30,850	伊予	615	阪鶴	4,000
九州	48,739	参宮	1,900	北越	3,700
関西	24,182	総武	4,200	京都	3,420
北海道炭礦	12,500	南海	5,070	中国	3,330
合計	166,671		14,450	27社計	42,216
対総払込金（％）	74.6		6.5		18.9
1社平均	33,334		2,890		1,564

出所：前掲『鉄道局年報』各年度。
注：山陽鉄道讃岐線は山陽鉄道に計上。

　開業した鉄道会社もそのままであったわけではない。少なからぬ企業が吸収合併の波に洗われた。表1-4は鉄道国有化前の鉄道企業の合併一覧表である。多くは大規模鉄道が中小規模鉄道を吸収する形であるが、吸収合併の局面は一様ではなかった。ここでは国有化直前に営業していた私鉄各社の系譜だけを確認し、詳細は第6章に譲る。

　すでにみたように、鉄道は企業として他の産業とは隔絶した規模を持っていた。しかし企業間の規模格差は、鉄道業自体の中ではさらに大きなものであった。表1-5は各鉄道企業を分類し、その規模をみようとしたものである。1905年段階で操業していた鉄道会社は37社であるが、表では便宜的に大規模鉄道5社、都市近郊鉄道5社、地方鉄道27社に分類し、それぞれの払込資本金を示した。明治期における鉄道企業は建設費のほとんどを株式による資金で賄っていたから、払込資本金額が企業規模を示すといっても大きな間違いはない。

　表に示されたように、5大鉄道は鉄道業の払込資本金の約75％を占め、圧倒的な規模を有していた。なかでも日本鉄道と九州鉄道はまさに巨大企業であった。都市近郊鉄道は、伊予鉄道を除けば中程度の規模を持っていたといえよう。地方鉄道の資本金規模格差は大きく、表に記載されていない下位22社の1社当り平均払込資本金額は100万円に届かない。各鉄道会社の規模格差と立地特性

は、企業経営に決定的な差異をもたらしたが、これものちの章に譲ることとしよう。

　鉄道企業はその規模の大きさゆえに、株式会社の形態をとるのはある意味で必然であったが、株式会社の経営は証券市場の存在とその機能の有効性が前提となる。次章では明治期の証券市場についてみていこう。

注
（1）　当時のヨーロッパにおいて、香辛料は食用保存肉類の臭み消しに用いられていた。冷蔵保存技術のなかった時代において、胡椒に代表される香辛料は文字通りの生活必需品であった。
（2）　脇村義太郎『商業史』（脇村義太郎著作集第1巻『経営発達史』所収、経営史研究所、1976年）39～44頁。
（3）　現在、日本の企業でも執行役員の制度を活用することが多くなった。アメリカ企業において一般的である執行役員は、従来の日本の取締役とは異なり株主総会での承認が不要である。そのため機動的な任免が可能であるが、役員としての地位の安定性は低い。
（4）　現在、資本金は株式で集めた資金の半分を資本準備金として積み立てることが出来る。また株式の募集も額面ではなく時価募集されるため、資本金と額面金額との関係は事実上ない。
（5）　証券取引所は17世紀末、イギリス、ロンドンのシティのコーヒー店での取引に始まる。1773年、コーヒー店ニュージョナサンズは自らを「証券取引所」と称し、証券取引はもっぱらここで行われるようになった。1802年これがロンドン証券取引所となる。
（6）　ヨーロッパにおけるバブルの発生はこれがはじめてではない。1634年から1637年にかけて、オランダではチューリップの球根に対する投機熱が起こり、ひとつの球根に平均的市民の8年分の年収に当たる価格がついたという。もちろんこのバブルも崩壊した。
（7）　南海会社はスペイン植民地、南米、および南地平洋の開発をする特権会社として設立されたが、その実質はイギリス国債の肩代わりと利子支払いを容易にするために設立された会社であった。京大西洋史事典編纂会『新編西洋史事典』（東京創元社、1983年）544～545頁。
（8）　鈴木良隆・安部悦生・米倉誠一郎著『経営史』（有斐閣、1987年）127頁。

(9) これが現在の Co.Ltd（英）の由来である。
(10) 現商法では純資産が資本金等を上回らないかぎり配当は出来ない。
(11) 発行済株式数の過半数に当たる株式を有する株主が出席し（委任状も可）、その3分の2以上の賛成を必要とする。
(12) 両替商は与信機能を持つだけではなく、手形の定期的決済も行っていた。そのため大量の現金による取引はほとんど行われなかった。J．ヒルシュマイヤー・由井常彦『日本の経営発展』（東洋経済新報社、1977年）31頁。
(13) 宮本又郎『近世日本の市場経済』（有斐閣、1988年）220～224頁。
(14) 安岡重明・天野雅敏編『日本経営史1　近世的経営の展開』（岩波書店、1995年）87～97頁。
(15) 享保期（1716～1736年）以降、二重担保は禁止され、債権者保護の色彩が濃厚になっていく。江戸時代における商品経済の高度化は、債権保護厳格化の過程でもあった。正田健一郎・速水融『日本経済史』（世界書院、1965年）286～289頁。
(16) 作道洋太郎・三島康雄・安岡重明・井上洋一郎著『日本経営史』（ミネルヴァ書房、1980年）41頁。
(17) 『官版会社弁』、『官版立会略則』とも吉野作造編輯担当代表『明治文化全集　第九巻　経済篇』（日本評論社、1929年）に収録されている。いずれも20頁ほどの冊子である。
(18) 高村直助『会社の誕生』（吉川弘文館、1996年）38頁。
(19) 1872年に公布された条例。内容については第2章で述べる。
(20) 明治10年代に設立された企業には、株主総会において大株主の議決権を抑制する規定が少なくない。さまざまな形式があるが、例えば東京株式取引所では、保有株式1株から10株までは1株1票、11株から100株までは5株につき1票、100株以上は10株につき1票と規定されていた。1株1票という議決権が主流になるのは商法の施行後である。伊牟田敏充『明治期株式会社分析序説』（法政大学出版局、1976年）195～202頁。
(21) 1893年日本で最初の商法が一部施行される。それが会社法、手形法、破産法の3つであったことは、江戸時代における企業経営の発展の度合いを表わしているともいえよう。この旧商法では株式会社や社債発行はまだ免許主義をとっており、不備な点もあった。そこで1901年に新商法が公布され、準則主義に移行するとともに、合名会社、合資会社、株式会社の形態が規定され、株式会社の有限責任制が明記された。
(22) 1876年の金録公債発行条例によって、それまで旧武士階級に与えられていた家禄はすべて利付公債に切り替えられた。

(23) 1882年に設立された日銀は、各国立銀行の紙幣引換準備金の日銀への定期預け、利益金の一部に対する公債交付によって銀行券を日銀に集め、これを消却した。
(24) 正田健一郎・作道洋太郎編『概説日本経済史』(有斐閣、1978年) 228頁。
(25) 高村、前掲書、127頁。
(26) 払込資本金とは実際に払い込まれた株金である。公称資本金と払込資本金については第5章で再度言及する。
(27) 伊牟田、前掲書、3〜5頁。
(28) 南海鉄道は阪堺鉄道を引き継ぎ、さらに路線を延長した鉄道会社で、この時期に開業した他の鉄道とは性格を異にする。

第2章　証券市場の展開

第1節　投機と投資

　株式投資を「賞品付の美人投票」に見立てたのはケインズである。ただしこの投票では入賞した美人に賞品が与えられるのではなく、彼女に投票した者に賞品が与えられる。もしそうであるなら、投票者は自分が最も美しいと思った人にではなく、他の投票者が最も美しいと思うであろう人に投票する。つまり、各投票者は自分の好みではなく、他の投票者の好みに合わせて投票するであろう、株式投資もそれと同じであるというわけである。株価が上がるのは他の者が買っているからである、それなら自分も、ということになり株価はますます上がる。

　ケインズはまた、株式投資を「椅子取りゲーム」にも例えている(1)。よく知られている遊びであるが、参加者は円形に並べられたいくつかの椅子の周囲を音楽に合わせて歩いている。音楽が止まった時、参加者は早い者勝ちで椅子に座るが、椅子の数は参加者よりも少ない。そして座りそびれた者はゲームから退場する。株の上昇局面では多くの投資家が「買い」にまわっているが、買う者がいるのは売る者がいるからである。株価が永遠に上昇するならすべての投資家は幸福であるが、歴史上そのような事態は未だかつてない。株価はいつか下落する。その時最後に買った者が敗者になり、それを売った者が勝者になる。

　証券取引所における株価はまさにこのように決する。もちろんケインズも断っているとおり、これは職業的投資家の行動である。彼らは、株価の上昇を予想するなら買い方に、株価の下落を予想するなら売り方にまわり、価格差から生じる利鞘を得るために証券市場に参加する。彼らは通常株式を保有することすらなく——かりに保有したとしても期間はごく短期であり——、転売買戻しを繰り返し、最終的には売買価格の差額を決済することで取引を終える。

　類型的に分類するなら、ケインズのいう職業的投資家は投機家であり、目的はキャピタル・ゲインの獲得である。それに対して一般に株主と呼ばれる投資

家は株式の長期保有を前提とする。彼らは配当を中心とするインカム・ゲインと、株価の上昇による株式の資産としての価値増大を期待して株式に投資する。さらに、その目的を実現するために、株主総会に参加して1株1票の議決権を行使することによって、経営者に経営方針の変更を要求することも視野にある。

　ここで留意すべきことは、株主が株価形成に関与することはほとんどないということである。株主は長期保有を前提としているから、株式の売買に参加する機会は多くない。したがって、彼らは一群の投機家による「投票」によって決定された株価を受け入れるしかないのである。そうなると株式市場において形成された株価がどの程度経済的合理性を持っているか、さらにその株価の妥当性が社会的に認知されているかどうかが、投資行動における株式市場の地位の重要性を測る尺度となるであろう。

　もちろん投機家と投資家は判然と区別できるものではなく、個々人でみれば、市場の時機と状勢によって、あるいは取引対象とする株式の銘柄によっても、投機家と投資家を使い分けているというのが実際の姿であろう。しかしこの2つは別の概念であり、市場全体としてみるならば異なる経済活動として観察できよう。投機と投資は市場が開かれているかぎり、時代と地域とを問わず存在している。もちろん明治期も同様であったが、これも当然ながら時代と地域の特性を色濃く持っていた。

　本章では、明治期の証券市場の展開を概観しその機能を検討する。

　明治期の近代産業の多くは株式会社として出発したが、すでにみたように、その資金調達は株式発行を基本的な手段としていた。鉄道業も例外ではなく、各鉄道企業は払込資本金で建設費のほとんどを賄っていた。これは鉄道業に特有な状況ではなく、明治期おける一般的な企業金融の特徴であり、例えば鉄道業とならぶ明治期の近代産業の代表格である紡績業においても、総資産の6割前後は株式による資金であった。いいかえればそれだけの資金が証券投資に向けられたのであり、その意味で、証券市場は企業者にとっては資金調達の場として、また投資家にとっては資産選択の場として重要な役割を果してきたといえる。

しかしそのあり方は、時期により、また業種により決して一様ではなかった。明治期には、時間の経過とともに資産としての安全性を高めていった株式もあれば、逆に急激な株価変動を繰り返した株式も存在していた。その株式の性格の相違は、業種による投資家層の差異をもたらし、株主構成の時系列的な変化にも影響を与えた[2]のである。

このような明治期の株式投資の状況は、資金調達と資産選択という観点からみると、おおよそ次のようにとらえられるであろう。すなわち、企業の創業期における株式発行は何よりも資金調達が目的であり、多くの場合、その株式は創業期にある企業の小規模性、不安定性などの理由から資産としての危険性が大きい。投資家はそのリスクを負わねばならないが、その反面株式を保有することによって自ら経営に乗り出すことも比較的容易である。しかし、企業が安定的な高収益を実現し、成長拡大を始めると、発行株式数の増大、株式移動を通じての株主数の増加により、個々の株主の経営に対する影響力は相対的に低下する。その一方で、払込みを完了して資金調達の役割を終えた株式は、次第に資産としての安全性を高めていく。その結果、投資家の多くは株式を資産としてのみ保有することになり、彼らの関心は、もっぱら資産価値の変化、すなわち保有株式の株価の変動と配当に向けられるようになる。

明治期には、このような過程が種々の株式に対する投資の中で重なり合って存在していたと思われる。本章の課題は、明治期の証券市場のどの部分で、またどのように、この過程が進行していったのかを検討することである。

明治期の株式市場は、株式取引所では一部の株式だけを売買の対象とした差金決済取引が行われ、現物株式の受渡しと取引所で売買されなかった株式の株価形成は、場外で行われるという独特な状況にあった。ここでは、まず明治期の証券市場の成立と展開の過程を概観しつつ、東京と大阪について株式取引所で形成される株価と、その株式の場外における価格の関係を確認する。次に、明治20年代、30年代における取引所の株価形成機能を大阪株式取引所を中心に検討する。そして最後に、取引所で売買のなかった株式について、場外でどのような株価が形成されていたかを分析し、それを通じて明治期の株式市場の全

体としての機能を考察する。

第2節　株式取引所の設立

1　株式取引所と取引所政策

　日本で最初の株式取引所に関する法令は、1874（明治7）年に布告された「株式取引所条例」である。これは「政府は各種公債を発行し、民間亦銀行及び商社を設立する者相踵ぎ、有価証券漸く増加したるを以て、政府は之が流通を円滑ならしめんが為、範を倫敦株式取引所」[3]にとったものであった。しかしこの条例は「実際の事情に適応せざる規定多かりしを以て……新たに取引所を設立せんとする者なかりし為、全く実施するに由なかりき」[4]ことになり、事実上空文化していた。

　当時、公債の売買はかなり活発であったが、それに拍車をかけたのは国立銀行条例の改正であった[5]。明治政府は民間への産業資金供給のパイプとして、早くから銀行設立の必要性を認識していたが、その第一歩が1872年に制定された国立銀行条例であった。この条例は5人以上の株主からなる株式会社組織の民間銀行を認可するという趣旨であったが、その意図は単に民間への資金供給にとどまるものではなかった。

　国立銀行条例は銀行設立にさいして、資本金の6割は政府紙幣（太政官札）で政府に提出し、これを利付公債と引き換えることを求めた。国立銀行はこの公債を大蔵省に預け入れ、大蔵省は同額の銀行券を銀行に下付、銀行はこれを銀行券として発行する。一方、資本金の残り4割は本位貨幣を積立て、発行した銀行券の兌換準備に充てる。つまり不換紙幣である政府紙幣は公債を仲介することで兌換紙幣に姿を変えるわけである[6]。

　銀行券の正貨兌換を求めたこの条例によって設立された銀行は第一、第二、第四、第五の4行を数えたのみであった[7]。政府紙幣は1874年以降下落し、それを正貨兌換させることに無理があったのである[8]。このような状況を受

け、政府は1876年に国立銀行条例を大幅に改正する。改正の理由は国立銀行4行の不振、金禄公債の価格維持、民間における銀行設立の活発化[9]にあったが、資本市場に直接かかわりを持ったのは金禄公債であった。

　近世における武士階級の最終的な精算として実施された秩禄処分は、明治維新以降も旧武士階級である華士族に与えられていた秩禄を、利付金禄公債に切り替えるものであった。1876年の金禄公債発行条例で発行された公債は総額1億7385万円、受取人員は31万3571人に達した[10]。

　膨大な量の公債発行は市場の需給関係を変化させ、金禄公債の価格下落を引き起こしかねないが、それを防ぎ、同時に国立銀行の不振を解決する方策としてとられたのが1876年の改正国立銀行条例であった[11]。新しい国立銀行条例は資本金の8割を公債で大蔵省に供託、同額の銀行券を受け取り、残りの2割は政府紙幣を銀行券の兌換準備に充てるというものであった。ここで政府は正貨兌換を放棄し通貨兌換に方針を変更した。そして同時に1878年に金禄公債の売買抵当を認可することで、国立銀行の資本金公債充当部分に金禄公債を充てようとしたのである。この政府の政策は当時の民間における資金需要の増加も相俟って見事に的中した。金禄公債の利子だけでは生計を維持できない下級士族達が公債を売却し[12]、それを手に入れた中小資本家、商人達が銀行経営に乗りだしたのである。国立銀行は設立が相つぎ、一挙に全国に広まり1879年153行の制限数に達するが、資本金の公債充当部分の80％以上は金禄公債によって賄われた[13]。

　新国立銀行条例が、証券市場に与えた影響も大きかった。それまで国立銀行は主として現金出資により設立されていたが、新条例により資本金の8割を公債で納入せねばならず、設立にさいしその買入れを両替商その他に依頼した。また、新条例は納入する公債の額を「市中売買ノ時相場」としていたため、時価を定める相場が必要となった。このような条件が重なり、自然発生的に両替商による公債売買取引所が成立していった[14]。

　株式取引所条例は本来公債取引を前提としたものであったが、その内容は現実に機能していた両替商による公債取引とは異なっていた。条例は投機を抑制

するために仲買人の資格、身元保証金、限月などに強い制約を課していた。そのうえ有価証券の取引そのものも始まったばかりで「時機未だ熟せず」[15]、現実的な取引所の成立条件を欠いていたため、「全く実施するに由なかりき」という結果に終わったのである。

結局政府は現実に機能していた公債取引所を追認する形で、1878年新たに取引所条例を制定することになる。改正の主たる内容は、

・定期取引において3カ月の限月売買を認める。
・約定期限内の転売買戻しによる解約を認める。
・違約処分を規定する。
・取引所を営利的株式会社にする。

という4点であった。

改正により新しい株式取引所条例は「内容著しく実際的」となり「我国古来の投機取引の精神を認容した」ものとなった[16]。この条例にもとづき、同年東京と大阪に取引所が設立されるのである。

取引所発足当初の取引は、現場取引（株券の即日引渡し）と呼ばれた現物取引と、定期取引（3カ月限月）といわれる差金（さきん）決済取引の2種類があり、さかんに行われたのは先物取引の一種である定期取引であった。1887年、政府は投機に走りすぎる取引所の改善を目的として再び新しい取引所条例を発布した。いわゆるブールス条例である。ブールス条例は、西欧にならって取引所を会員組織とし、米商会所と株式取引所を同一の規定下に置こうとしたものである[17]。ブールス条例の主たる内容は以下の通りである。

・取引所における売買は会員に限る。
・仲買人は会員にかぎり、営業保証金千円以上2万円以下を納付する。
・会員は自己の売買だけを行い、仲買人は委託売買だけを行う。

取引所関係者はこぞってこれに反対したが、政府はその意を変えるつもりはなかった。しかし政府内にもこの条例に対する反対があり、さらにはその実施準備も進まなかったので、旧取引所の営業期限の延長を認めざるを得なかった。そのうえ、新条例にもとづいて開設された取引所の営業状態が思わしくなく、

政府は再度1893年に取引所法および同法施行規則を制定した。この取引所法は、取引所の組織について会員、株式の両制度を認め、現物取引として直取引（5日以内受渡し）と延取引（150日以内受渡し、転売買戻しは不可）、差金決済取引として定期取引（3カ月限月）を定めたものである。延取引という新しい現物取引の制度はつくられたものの、実質的にはブールス条例以前の内容と同じになったのである。

　戦前期における株式取引所の特徴のひとつは、取引所自体が株式会社形態をとる営利組織であったことにある。その一方で取引の担保責任、違約にさいしての損害賠償責任を負っており、ある程度の資金の留保を必要とした。取引所収入の7割から8割は売買手数料であったから、取引所の経営には売買高の大小が決定的な意味を持った。

　株式売買を委託した客が負担する費用は客口銭と呼ばれ、取引所の取分である売買手数料と仲買人の取分である仲買人口銭に分けられる。客口銭はたびたび改訂されたが、取引額が増大するにつれ口銭率が段階的に低くなるのは同じである。ちなみに1897年時点を例にとると、口銭の徴収標準は直取引実価50円未満について客口銭率は100厘（売買手数料10厘、仲買人口銭90厘）、以降50円刻みで規定され300円未満では370厘（同35厘、同335厘）、それに対し定期取引では50円未満150厘（同70厘、同80厘）以降25円あるいは50円刻みで350円未満800厘（同400厘、同400厘）となっており、どの徴収標準においても口銭率は常に直取引より定期取引のほうが高く設定されていた[18]。取引所の経営にとって望ましいのは現物取引よりも差金決済取引の活発化であった。

　売買にさいしての証拠金は1888年に、「実価百分ノ五以上百分ノ五十迄（但此証拠金は株式の種類に由り頭取肝煎の考案を以て其額を定るものとす）」とされ、株価の変動によっては追証拠金も徴収された[19]。

　政府はあくまで取引所の投機抑制をあきらめず、1902年定期取引の限月を2カ月に短縮した。取引所はこれに反対したが政府はこれを聞き入れなかった。しかし新規則施行後、売買高は激減し、有価証券の流通にも支障が出はじめ、ついには銀行業者も限月短縮に反対するようになった。政府は取引の活性化を

もくろみ翌1903年、延取引の差金決済、かつその80日以内受渡しを認めた。ところが延取引は無税のため定期取引はまったく行われなくなり、政府は国庫に入る取引所税を失うこととなった。その結果、同年中に定期取引の限月は再び3カ月にもどり、ここで政府の意図は再度挫折するのである[20]。

明治期の株式取引所に関する法令は、政府の投機取引抑制政策と取引所の先物取引志向との争いの歴史であったといってよいであろう。そして政府の政策は最後まで成功しなかったのである。

2 取引仕法

取引所での取引方法は2つに大別される。ひとつは実物証券と現金の受渡しが行われる現物取引であり、決済期限は契約成立後5日以内とされていた。いまひとつは差金決済取引である。これは転売買戻しが自由な先物取引であり、実物証券の裏付けはない。明治期に行われた現物取引と差金決済取引という2つの売買方法は、その後何度かの改正はあったが基本的には戦前期を通じて機能する。

現物取引は、現場取引から直取引・延取引に代わるが、直取引においても取引当事者間で「預け合い」[21]が行われ、差金決済取引と変わらないこともあった。これは直取引と区別され「ジキ取引」と呼ばれた[22]。またすでにみたように、延取引においても差金決済取引が認められた。

取引所での差金決済取引は定期取引が中心であった。定期取引は取引期限を3カ月以内とする3カ月限月制（1902年7月から1903年8月までは2カ月）の先物取引であり、決済は月末に取引所の清算機関を通じて売買当事者間で行われ、株券の受渡しによる最終的な決済は例外的であった。

3カ月限月制の採用によって、定期取引においてはひとつの銘柄について同時に3つの株価が建てられていた。4月を例にとろう。決済期限は3カ月であるから、取引所においてはあるひとつの銘柄について、2月1日に始まり4月末日に決済される取引（当月限）、3月1日に始まり5月末日に決済される取引（中月限）、4月1日に始まり6月末日に決済される取引（先月限）の3つ

が同時に行われる。そのそれぞれの取引について、転売・買戻しを通じて異なった株価が形成されるため、同じ銘柄に3つの株価が存在するということになるわけである。

　現在の信用取引とは異なり、定期取引には現物株式の裏付けは一切なかった。そのため買占めが起こると、極端な場合には、買い占めた株数が企業の発行株式数を上回るという事態も生じた。取引所の側も売買高の増大によって手数料収入が増えるため、これを抑えようとはしなかったようである。明治期の定期取引における転売・買戻しは文字通りのカラ売り・カラ買いであったといってよい。定期取引は、大正期にこれもやはり先物取引である短期清算取引が開始されるまでは、取引所における売買の主流であった。

　株式会社制度でさえもなじみの薄い明治初期に、決して簡単なシステムとはいえない限月制先物取引が何ゆえに抵抗なく受け入れられたのであろうか。その理由は江戸時代の堂島米会所の存在に求められよう。

　1730（享保15）年、徳川幕府は、それまでも未公認ながら一般に行われていた先物取引を含む形で堂島米会所を公認する。堂島では正米商内と帳合米商内が行われていた。正米商内では、実物の米を引き取る権利証書である米切手とその代銀の受渡しがなされ、決済期限は寛政期以降4日以内となっていた。帳合米商内は米を対象とする先物取引であり、月3回の決済日に堂島の清算機関において帳簿上で差金が計算され仲買人ごとに決済された。

　近世においては、正米商内が物流機能を担う一方で、帳合米商内はそれがカバーしきれない価格形成機能を担当し、価格の平準化のみならず正米取引におけるリスクをヘッジする機能をも持っていた[23]。

　明治期の株式取引所における差金決済取引と、堂島米会所の帳合米商内のシステムは、基本的に変わるところはない。また、現物取引・限月制差金決済取引の機能分担と、正米商内・帳合米商内のそれとはきわめて類似している。このようにみてくると、明治期の株式取引所が円滑に機能しえたのは、江戸時代の取引システムのノウハウが継承されたからであると考えることは不自然ではないであろう。株式取引所設立時の仲買人が、両替商、公債取引商、そして米

商人を中心としていたといわれていることからもこのことがうかがわれる。明治期の株式取引所は江戸時代の遺産であった。

第3節　株式取引所の性格

1　取引証券の変化

　新しい株式取引所条例にもとづき、1878年5月に東京、6月大阪に取引所が設立されると、取引所は全国に広まり、明治20年代末には全国に主なものだけで6カ所[24]、商品取引所を兼営していた地方の小規模なものまで含めると100以上が設置されたが、売買の大半は東京と大阪に集中していた[25]。
　明治初期の取引所における売買は金銀・公債が中心であったが、これは売買の対象となる株式が存在しなかったためである。そこで売買された株式はもっぱら取引所株であり、売買高自体は小さかった。株式取引所の取引証券が大きく変化したのは1886年である。この年に金銀貨取引は政府紙幣の兌換開始によって取引が禁止される。公債もまた松方デフレ下の金利低下で価格が上昇し、時価が公債の元利合計額に近づいて価格の限界にまで達しようとしていた。ここに登場したのが鉄道株と海運株であった。日本鉄道と日本郵船の株式が取引所で売買されるようになると、これをさかいに株式取引が急増する。折しも本格的な企業勃興期を迎え、多くの株式会社が設立されるようになり、1887年以降は売買高の95％以上が株式によって占められるようになる[26]。
　売買された株式の業種はさまざまであったが、なかでも鉄道株の比重は大きく、東京株式取引所では通常でも売買高の5割、鉄道ブーム時には7割近くを占めていた。このような鉄道株を中心とする取引所での売買は鉄道国有化まで続く。海運株も一貫してかなりの比重を持っており、おおむね売買高の1割から2割程度を占めていた。繊維株がそれに続き、第2次鉄道ブームの時期を除けば、常にある程度の売買がなされていた[27]。
　しかしながら、明治期の株式取引所における売買は大半が差金決済取引であ

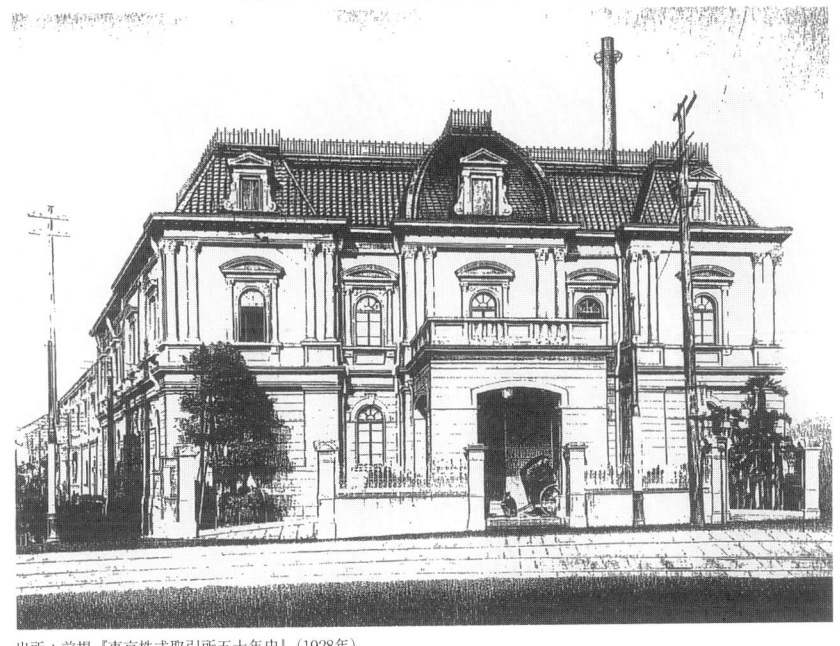

写真 2-1　東京株式取引所（1899年）

出所：前掲『東京株式取引所五十年史』（1928年）。

り、株券の移動（名義書替え）を伴う受渡しはわずかであった。表 2-1 は東京と大阪の両株式取引所における実物取引（現物取引）と定期取引（差金決済取引）の売買高を示したものであるが、取引はこの 2 つの取引所に集中していたから、これが全国的状況であったと考えてよいであろう。この表をみると、まず現物取引が非常に少ないことがわかる。そればかりではなく、大阪株式取引所においては、現物取引に定期取引の受渡し高を加えても、1886年以降は売買高の10％に満たない。また定期取引の取引銘柄数は限定されており、主に大企業の株式が売買されたのであるが、売買はその時々の人気株に集中する傾向が強かった。「官許の賭博場」[28]といわれた所以はここにある。

実際、株式の移動数からみるかぎり取引所の果した役割は小さかった。例えば、紡績業においては明治20年代、30年代を通じて一年に株式発行総数の20％内外の株式移動があったとみられるが、そのほとんどは取引所を通じたもので

表2-1　現物取引と定期取引　　　　　　（単位：株）

年次	東京株式取引所			大阪株式取引所		
	現物取引	定期取引		現物取引	定期取引	
		売買高	受渡し高		売買高	受渡し高
1887	249	1,278,330	69,008	—	712,185	16,912
1888	50	907,669	64,191	4	1,287,767	29,197
1889	37	2,038,542	132,017	—	1,709,728	61,992
1890	9,907	1,629,323	142,195	661	981,717	84,166
1891	3,879	1,296,410	69,927	120	478,987	56,095
1892	252	1,029,389	58,473	—	407,791	53,840
1893	142	2,657,146	235,375	—	1,370,555	113,158
1894	1,702	1,839,918	157,689	50	1,826,099	122,588
1895	1,894	2,817,766	194,678	—	2,608,746	184,144
1896	995,664	3,803,146	373,092	1,042	3,742,637	289,958
1897	1,642,987	3,526,321	305,918	1,474	4,217,703	296,478
1898	594,247	3,817,792	295,636	47,231	2,704,462	200,158
1899	1,154,594	5,400,770	507,960	14,973	4,360,704	341,274
1900	1,190,795	3,680,595	364,105	145,283	5,097,262	299,370
1901	597,413	2,550,285	217,605	103,486	2,304,896	176,349

出所：前掲『東京株式取引所五十年史』、前掲『大株五十年史』。

はなかった[29]。鉄道業についての同様な資料はほとんどないが、関西鉄道の30年代における株式移動は明らかになっている。同鉄道における年間の株式移動数は総発行株式数のおおよそ2割から4割に達していたが、取引所を通じての移動は移動総数の20％台からせいぜい30％を少し上回る程度であった[30]。表2-2は、甲武、西成両鉄道会社について、上位株主の持株減少数を最低限の株式移動数として算出したものである。実際の株式移動数はこの数値よりはるかに大きかったはずで、ここでも株式移動に関して取引所の比重が小さかったことが知られる。紡績株に比べて、鉄道株は取引所の花形であり、売買高も圧倒的に多かった。それでも取引所を通じて株式の移動は限定的であった。

　投資の目的は、インカム・ゲインの獲得、キャピタル・ゲインによる資産価値の上昇、経営参加権の確保などさまざまであるが、いずれにせよ現物の株式を保有していなければならない。それゆえ投資目的で株式を購入する場合は、現物取引を利用するか、あるいは差金決済取引を利用するにしても、限月決済

期において現物を引き受ける必要がある。もちろん投資に適した取引形態は現物取引であるが、手数料などの経費がかかることから取引所での売買は敬遠された。現物株式の売買は取引所とは別の場所で行われていたのである。

表2-2　鉄道企業の株式移動
(1902～05年、単位：株)

	株式移動数 A	受渡高 B	B／A (％)
甲武鉄道	5,873	660	11.2
西成鉄道	11,580	4,760	41.1

出所：杉山和雄「明治30年代における鉄道業の大株主と経営者」(『成蹊大学経済学部論集』第7巻第2号、1977年) 付表、前掲『東京株式取引所五十年史』、前掲『大株五十年史』。
注：株式移動数は甲武鉄道は上位6位、西成鉄道は上位8位までの株主持株減少分合計。

2　証券業者

　株式市場にはさまざまな業態の証券業者がかかわっており、明確な区分をすることは困難であるが、原則的には、取引所仲買人、現物商（現物問屋）、才取人の3種類に大別される(31)。現物商と才取人については後節で言及するとして、ここでは仲買人についてふれておこう。

　取引所内の取引に参加する権利を持つ取引所仲買人は自己勘定での売買と委託売買を業務としたが、いずれの売買についても取引所に対する賠償責任を負った。これがいわゆる相場師である。仲買業は、1922（大正11）年の株式取引所条例改正まで条例によって法人組織による経営は禁じられており、すべて個人経営であった。

　仲買人になるには、株式取引所条例と各取引所が定められた一定の資格を満たしたうえで、取引所に身元保証金を納めなければならなかった。開業当初の1878年、保証金は100円以上と定められたが、改訂が繰り返される都度引き上げられ、99年には1万2000円の高額に達する。これだけの資金を用意できる証券業者は少なく、例えば東京株式取引所の仲買人定数は1893年末で70名にすぎず、翌94年100名に増員しているが、それも常に定員を満たしていたわけではなかった。取引所の正規仲買人は証券業者のごく一部であった。

　もとより自己売買による損益は不安定であり、委託売買の手数料収入も一部は取引所に徴収されていたため、仲買人の経営は決して安定してはいなかったと思われる。さらに営業年限は1年ごとの更新であるうえに、身元保証金は高額であったからその入れ替えは激しかった。東京株式取引所では1897年から

1901年の5年間に入社は63名、退社は73名に及んでいる(32)。

投機を営業の中心とした取引所仲買人は概して浮沈が激しく、営業年数も短いのに対し、現物商や取引所仲買人のうちで現物売買に重点を置く業者は、野村商店（野村銀行、大阪屋商店の前身）、紅葉屋商店（神田銀行の前身）、小池商店（山一證券の前身）など、その後有力な証券業者へと発展するものもあらわれる(33)。

明治期における証券業者と株式取引所の特徴の一端を表わしているのが買占めである。現代の証券市場でも買占めは行われるが、法的な規制がほとんどなく、先物取引が制度化されていた明治期の買占めは現在よりも激しいものであった。以下では買占めの一例を紹介しよう(34)。

1896年、大阪北浜の水谷鶴松商店から参宮鉄道株の買い注文が出た。参宮鉄道は資本金が小さく、そのうえ沿線に伊勢神宮があったため宮内省が株のほとんどを持っており、浮動株が少なかった。いわば買占めには絶好の条件がそろっている銘柄であった。買い注文を出させたのは堂島の有力相場師石田卯兵衛と松谷元三郎、その資金は第百三十六銀行の相場好きな支配人が提供していた。

買占めは89円からスタートし、1カ月後には130円になった。地元の相場師はこれを割高とみて、売方にまわり、無数の空売りをあびせたのである。取引所はこの状勢をみて証拠金を上げた。当時の取引手数料はきわめてわずかで、加熱した売買を抑えるためには証拠金を上げる以外に方法はなかった。新規売買に対する証拠金は「実価ノ百分ノ五以上、百分ノ五十迄」であり、株価が上昇し「証拠金ノ半額以上ヲ減ジタルトキ」(35)は追証拠金が徴収された。したがって証拠金もかなりの金額になるが、買方の後ろ盾には銀行が控えていた。こうなると買方の資金力と売方の気力の勝負である。

受渡し期日が近づくと売方は各地から株券を集めようとしたが、一株もなかった。一方買方も、買えども買えども次々売り物が出てくるので、次第に資金繰りが苦しくなってきた。というのは、買方は第百三十六銀行から株券を担保に資金を借りていたが、実は買方グループに属する支配人が担保に取った株券を次々に売っていたからである。それを知らずに仕手戦を繰り広げていたので

ある。結局売方に乱手⁽³⁶⁾を振る者があり、売買は中止、取引所は「解け合い」⁽³⁷⁾を決定した。これによって買方は大勝利を得たのであるが、最も利益を上げたのは第百三十六銀行の支配人であったという。

当時の取引所は売買株数に制限がなかったから、買占めのさいには企業の発行株式数を買占め株数が上回ることもあり、取引所も手数料が入ってくるのでそれを歓迎する風があった。この参宮鉄道株の買占めでは、買方が買った株は10万株以上であったといわれているが、同社の発行株式数は2万7千株であった。

もうひとつ明治期の取引所の性格を端的に表わしているのが「解け合い」の存在であろう。それ以前のすべての約定を解約するというこの制度は、取引所本来の意味を失わしめるものである。戦後の証券改革で最初に廃止されたのが「解け合い」であった。

第4節　場外市場の展開

1　場外市場の成立

現物株式の移動は、株式取引所の周辺に展開していた場外の「市場」で行われていた。場外市場は、明治初期の公債店頭市場にその端を発するといわれるが、株式取引所開設後も、公債、株式の現物取引は依然として場外で行われていた⁽³⁸⁾。日清戦争後、場外取引は一層拡大して組織的な市場の形を整え、ついには取引所の定期取引と類似の取引まで行われようとしていた⁽³⁹⁾。このような動きに対し政府は、取引所側の要請もあって、1896年に現物市場の設立にも許可を要するという省令を出す。場外市場側はこの省令にもとづいて許可を申請するが受け入れられず、ここで場外市場の法制化は失敗する。しかし場外市場における現物取引がこれで消滅したわけではなく、依然として活発に取引が行われていた。しかしながら、場外市場はあくまでも法令の規制外に置かれた存在であり、これは戦前期を通じて変わることはなかった。

株式の流通市場であった場外市場で現物取引を担ったのが現物商であり、取引はその店頭で行われていた。彼らの前身は公債取引の両替商であった。取引所の設立にさいして両替商の一部は仲買人に転身したが、資金力がないもの、あるいは身軽な立場で商いをすることを希望したものが「現物屋」として場外に残った[40]。これが場外現物商の始まりである。20年代には、現物商とはいっても専業化した業者は少なく、多くは仲買人と兼業であり資金力は弱かった[41]。それでも明治40年頃には、竹原、黒川、高木、野村などの業者は現物商兼仲買人として有力な存在となり、彼らの店頭価格が他の業者の価格をリードするようになったといわれている[42]。

　場外での売買にさいして、各商店間の商いの仲立ちをし、価格形成についての情報を伝えたのが才取人である。才取人は現物問屋間の取引を仲介することで場外市場の円滑化に大いに貢献したが、その一方で取引量の増加に伴い彼ら自身の信用も増大していった。場外の取引で現物株式の受渡しがなされないときは、才取人達は連携して仲介を行わないという「手合い止め」にでた。この「手合い止め」を通じて才取人達の組織化は強化されていった[43]。その意味で、1901年の才取人の組合結成は彼らの組織化であると同時に、場外市場の組織化という意義も持っていたのである。

　場外市場に対する規制や摘発はその後も再三行われるが、一時的には勢いを失ってもすぐに復活した。1922（大正11）年の取引所法改正によって既設取引所以外での現物市場の設置が禁止された後も、当時最大の現物市場といわれた坂本市場では以前と変わらずさかんに取引が行われていた。場外現物市場は1939（昭和14）年の坂本市場の一斉検挙によって姿を消す。同市場における当時の実株取引は1日8万株といわれた。同じ年、東京株式取引所での1日の実株取引最高売買高は7万株であった[44]。

　現物商はどのような株式を売買していたのであろうか。表2-3には、東京、大阪の現物商が取り扱った銘柄の分類が示してある。1890年に東京の2つの現物商（高野商店、松屋商店）が取り扱った銘柄総数は72で、そのうち東京・大阪両取引所で売買されたのは5銘柄、東京株式取引所だけで売買されたのは36

表2-3 現物商取扱銘柄

	現物商取扱銘柄数	株式取引所売買銘柄数			
		東京大阪共通	東京	大阪	その他
1890年					
東京					
銀行	7 (2)	0	1 (1)	0	0
鉄道	22 (4)	4	14 (4)	1	0
紡績・繊維	10 (1)	0	7 (1)	0	0
海運・運輸	7 (2)	0	4 (1)	0	0
取引所	3	0	1	0	0
その他	23	1	9 (2)	0	3 (1)
計	72 (12)	5	36 (9)	1	3 (1)
大阪					
銀行	4 (1)	0	3 (1)	1	1
鉄道	8 (1)	4	1	6 (1)	1
紡績・繊維	9 (3)	0	0	6 (2)	0
海運・運輸	3	0	1	2	0
取引所	2	0	0	2	0
その他	2	1	0	1	2 (1)
計	28 (5)	5	5 (1)	18 (3)	4 (1)
1900年					
東京					
銀行	14	0	1	0	0
鉄道	46 (10)	10 (2)	26 (7)	3	0
紡績・繊維	9 (6)	0	1	1	0
海運・運輸	3 (1)	2	3	0	0
取引所	5	0	3	0	0
その他	29 (4)	0	13	1	2 (1)
計	106 (5)	12 (2)	47 (7)	5	2 (1)
大阪					
銀行	29 (6)	0	1	1	0
鉄道	54 (21)	10 (2)	7 (3)	31 (6)	0
紡績・繊維	39 (7)	0	1	5	0
海運・運輸	9 (2)	2	1	3	0
取引所	11	0	2	4	0
その他	44 (5)	0	2	6 (1)	0
計	186 (41)	12 (2)	14 (3)	50 (7)	0

出所:前掲『東京株式取引所五十年史』、前掲『大株五十年史』、『大阪朝日新聞』、『東京朝日新聞』、『中外商業新報』。

注:(1) 東京の現物商は高野商店・松屋商店、大阪は高木商店。
　　(2)「その他」は取引所での売買はあるが、表中の現物商は取り扱わなかった銘柄。
　　(3) ( ) 内は新株数。

銘柄、大阪株式取引所だけで売買されたのは1銘柄であった。取引所で売買がありながら、現物商の取り扱わなかったものは3銘柄である。逆にいえば、72銘柄中30銘柄は場外の現物商だけが取り扱っていたわけである。大阪の現物商は1店舗（芝大商店）しか示し得なかったが、取り扱った銘柄数は28で、内訳は表のとおりである。1900年になると現物商の取扱い銘柄数は大幅に増加するが、取引所で売買されたのはその約半数であった。明治期には東京・大阪両株式取引所に全国の取引所売買高の90%が集中していたから、これが全国的状況であったと考えてよいであろう。

要約すれば次のようになる。東京、大阪の現物商は、それぞれの地場企業の株式を中心に取り扱っており、その中で代表的な株式だけが取引所で売買されていた。さらにその中で、両取引所で共通に売買されたのは大規模鉄道株だけであった。場外市場で取り扱われた株式の種類は、取引所よりもはるかに多かったのである。

2 取引所内株価と場外株価

取引所で成立した株価と場外の株価との関係についてはさまざまなことがいわれているが、これを要するに、場外株価は取引所内の株価を参考に決定されており[45]、株式取引所は株式市場の中枢的地位を占めていた[46]、とされている。しかし、より具体的な両者の関係はということになると、莫然としており明確ではない。以下では、当時の新聞公告による株価をデータとして、計量経済学的接近によってこの関係をいま少し具体的に検討する[47]。

表2-4は1890年3月1日から4月14日の期間における東京、大阪両取引所の定期取引当月限株式の大引値（終値）と、両地域における現物商の正午の中値段（売値と買値の平均価格）のそれぞれについて、相関係数、各株価の平均値、不等度U（タイルのU）などを示したものである[48]。

まず両取引所で形成された株価を比較する。九州鉄道株、山陽鉄道株の両取引所における株価の相関は高く、平均値もほぼ等しい[49]。九州、山陽の両鉄道は明治20年代の代表的な鉄道会社であり、その株式は取引所でも頻繁に売買

第2章 証券市場の展開　43

写真2-2　株価公告

出所:『大阪朝日新聞』1900年1月7日。

表2-4　場外株価と取引所内株価（1890年3月1日〜4月14日）

銘柄	大阪取引所大引 (X) 東京取引所大引 (Y)	大阪取引所大引 (X) 大阪現物商値段 (Y)	東京取引所大引 (Y) 東京現物商値段 (Y)
九州鉄道	r = 0.943　x = 19.8 　　　　　y = 19.7 　　　　　n = 30	r = 0.933　x = 19.9 U = 0.004　y = 19.7 　　　　　n = 33	r = 0.938　x = 19.7 U = 0.008　y = 19.6 　　　　　n = 30
山陽鉄道	r = 0.962　x = 17.1 　　　　　y = 17.0 　　　　　n = 25	r = 0.956　x = 17.1 U = 0.006　y = 16.9 　　　　　n = 31	r = 0.926　x = 17.1 U = 0.012　y = 17.0 　　　　　n = 26
大阪鉄道		r = 0.997　x = 39.9 U = 0.003　y = 39.0 　　　　　n = 32	
関西鉄道	r = 0.886　x = 25.8 　　　　　y = 26.4 　　　　　n = 21	r = 0.873　x = 25.9 U = 0.013　y = 25.5 　　　　　n = 23	r = 0.892　x = 26.6 U = 0.013　y = 26.4 　　　　　n = 23

出所:『大阪朝日新聞』、『中外商業新報』。
注:(1) r は相関係数、U は不等度、x, y は X, Y の平均値、n はデータ数。
(2) 関西鉄道株の東京株式取引所での売買はなかった。また、大阪取引所での売買がないため京都株式取引所大引価格を用いた。大引価格が不明の時は、寄付値もしくは前場引値をこれに代えた。
(3) 東京現物商は高野商店、大阪現物商は芝大商店の値段。
(4) 払込金が異なるときは、払込金額に比例させて、Y の株価を X の払込金に等しく修正。

されていた。当時、両取引所間の情報は電報で即日伝達されており、それが株価の平準化をもたらしたのであろう。関西鉄道株は大阪株式取引所での売買が少なく、そのために京都株式取引所の株価を用いたが、それも多くはない。これは、関西鉄道がこの時期にはまだ中規模鉄道であり、大阪地区に路線を持つ

ていなかったためと思われる。

　取引所で形成された株価と場外現物商の取引値段を見ると、東京、大阪とも両株価がきわめて密接な関係を持っていたことがわかる。両者間の相関係数は高く、不等度Uの値も小さい。株価の平均値は取引所のほうが若干高いが、これは現物商の価格が中値段であるためであろう。しかしいずれにせよ、ほぼ等しい株価がついていたことは確認できる。ただし、この表だけからではどちらの株価が主導的であったのか、つまり取引所で形成された株価が場外株価に影響を与えたのか、あるいはその逆であったのかはわからない。

　表2-5は、1900年4月2日から5月16日の期間を分析の対象としている。この表をみると東京と大阪の両取引所で共通に売買された銘柄は1890年と同様、両所でほぼ等しい株価が形成されていたと考えられる。90年当時より銘柄数は増加しているが、株価の平準化は維持されていた。

　この時期の新聞広告には、本場立合（前場）と二番立合（後場）の値動きが詳細に記載されている。ここでは、大阪株式取引所における前場の終値、後場の始値のそれぞれについて場外株価との関係をみた。山陽鉄道株を除けば、場外現物商の価格はいずれとも高い相関を示しているが、午前と午後では株価にさほど大きな変動はないからこれは当然である[50]。むしろ注目されるのは、ここに掲げた10銘柄の場外株価は、東京、大阪とも例外なしに、前場の終値との相関係数が後場の始値とのそれより高くなっていることである。Uについても同様で、値はいずれも小さいが、おおむね前場の終値に対するUのほうが小さい。いいかえれば、場外株価は前場の終値とより密接な関係を持っていたということである。場外現物商の値段は正午の値段であるから、時間的経過を考えれば、取引所の前場の終値が場外株価を決定していたと推測してよいであろう。

　公的な組織であった取引所で形成された株価が、未公認の市場であった場外市場の株価に強い影響力を持ったことは当然といえよう。しかしながら、前述のように場外の現物商が取り扱った株式の種類は取引所よりもはるかに多く、もちろんそのすべてに株価が建てられていた。株式取引所では売買されず、し

表2-5　場外株価と取引所内株価（1900年4月2日〜5月16日）

銘　柄	大阪取引所前場 (X)		大阪取引所前場 (X)		大阪取引所後場 (Y)	
	東京取引所前場 (Y)		大阪現物商正午中値段 (Y)			
九州鉄道	r = 0.983	x = 53.1 y = 53.0 n = 30	r = 0.987 U = 0.003	x = 53.3 y = 52.9 n = 35	r = 0.970 U = 0.005	x = 53.2 y = 52.9 n = 35
関西鉄道	r = 0.973	x = 39.8 y = 39.6 n = 33	r = 0.988 U = 0.004	x = 39.8 y = 39.4 n = 33	r = 0.981 U = 0.004	x = 39.8 y = 39.5 n = 35
山陽鉄道	r = 0.974	x = 53.1 y = 53.0 n = 31	r = 0.751 U = 0.013	x = 53.2 y = 51.7 n = 35	r = 0.740 U = 0.013	x = 53.1 y = 51.8 n = 35
京都鉄道	r = 0.949	x = 19.2 y = 19.2 n = 26	r = 0.979 U = 0.006	x = 19.1 y = 18.8 n = 36	r = 0.940 U = 0.010	x = 19.0 y = 18.8 n = 33
阪鶴鉄道	—	—	r = 0.998 U = 0.003	x = 27.7 y = 27.4 n = 36	r = 0.987 U = 0.008	x = 27.5 y = 27.3 n = 32
西成鉄道	—	—	r = 0.992 U = 0.004	x = 40.0 y = 39.6 n = 26	r = 0.951 U = 0.009	x = 39.4 y = 38.9 n = 20
参宮鉄道	—	—	r = 0.997 U = 0.002	x = 80.5 y = 80.1 n = 31	r = 0.982 U = 0.005	x = 80.5 y = 80.1 n = 31
大阪鉄道	—	—	r = 0.987 U = 0.002	x = 88.1 y = 87.6 n = 33	r = 0.924 U = 0.004	x = 88.0 y = 87.6 n = 33
日本紡績	—	—	r = 0.990 U = 0.005	x = 15.6 y = 15.4 n = 34	r = 0.951 U = 0.012	x = 15.6 y = 15.3 n = 28
大阪商船	—	—	r = 0.967 U = 0.006	x = 22.8 y = 22.5 n = 36	r = 0.958 U = 0.007	x = 22.9 y = 22.6 n = 34

出所：『大阪朝日新聞』、『中外商業新報』。
注：(1) 記号、株価修正は表2-4に同じ。
　　(2) 東京現物商は高木商店、大阪現物商は泉屋両換店、小布施仲買人。
　　(3) 取引価格は前場は終値、後場は始値。
　　(4) 阪鶴鉄道、西成鉄道、参宮鉄道、大阪鉄道、日本紡績、大阪商船は東京株式取引所での株式売買はなかった。

たがって株価も形成されなかった数多くの銘柄については、場外市場が株価形成機能を担っていたのであり、それによって現物商を媒介とする場外取引が成立し得たのである。その意味では、株価形成機能においても、取引所の果した役割は株式市場全体からみれば限定的なものであった。

　取引所で株式が売買されない株式会社の多くは、新しい産業に参入しようとした中小規模企業であり、いうなれば明治期におけるベンチャー企業であった。場外市場における株価形成の実態は現在のところ不明であり、実際にどこでどのように株価が建てられていたのか詳細は知られていない。しかし新産業を担った企業の株価を決定し、さらにはその流通を保証した――もちろん完全にではないが――のが場外市場であったことは確かであるといえよう。場外現物市場は新産業の資金調達の場として重要な役割を担っていたのである。

第5節　株式市場と株価形成

1　株価決定要因

　明治期の株式市場は取引所と場外市場という2つの市場からなっていたが、そこでの株価はどのように決定されていたのであろうか。本節では明治期の株式市場における株価形成について検討する。

　現実の株価形成には多様な要因が働く。売買にさいして、投資家は彼らが持っているさまざまな情報やそのときどきの経済的与件を考慮しつつ、「売り」「買い」の意思決定を行い、その結果として株価が決まる。したがって、もし市場が完全に効率的であるなら、形成された株価は無数の情報を含んでいることになる。このことは、市場の効率性における程度の差こそあれ、明治期の株式市場についても妥当する[51]。

　本節では、株価形成に関与する経済的要因のいくつかを取り上げ、それがどの程度まで株価決定に影響力を持ったかを分析し、それを通じて明治期の株式市場の機能を考察する。しかしその前に株価決定要因について若干述べておく

必要がある。

株価に影響を与える経済的要因は数多くあるが、ここでは配当率と預金金利に注目する[52]。配当率と預金金利は、一般投資家にとって最も入手しやすい情報であり、株価形成にも強い影響力を持つ。明治期には、高配当はインカム・ゲインの高さを意味するのみならず、企業自体の高収益性と安定性をも反映していたから、配当率の上昇は株価を上昇させる要因であったといえる。

また、投資家が株式を「資産」として選択するなら、株式はより安全な資産である預金と競合し、預金金利の上昇は――株式に伴うリスクを考えれば、よしんばそれが株式投資収益率を上回らなかったとしても――株式市場からある程度の資金の流出を引き起こすであろう。したがって、預金金利の上昇（下落）は株価の下落（上昇）をもたらすことになる。逆にいえば、株価が預金金利と負の相関を示すような株式は、資産株としての性格を持っていたということでもある。

ここでは、この関係の第一次的近似として配当率と預金金利を説明変数とした次のような回帰式を考え、これを中心に検討をすすめる。

$P = a + bD + ci$

ここで、Pは月平均株価[53]、Dは配当率（年利、％）、iは当該月の1年もの定期預金金利（年利、％）である。回帰式に即していえば、配当率と預金金利が株価決定の要因として働いていたなら、係数bは正、cは負になることになる。さらに、回帰式の結果から、平均値で評価した配当率に関する弾力性e_Dと預金金利に関する弾力性e_iを求めた[54]。これらの値の絶対値が大きいほど、その要因の株価に及ぼす影響力は強かったといえる。

2　株式取引所における株価形成

・明治20年代

明治20年代に株式取引所で恒常的に売買されていた株式はまだ多くない。図2-1は、1891年2月と1892年8月に大阪株式取引所で売買のあった株式の株価と配当率を示したものである。この両年とも取引所における売買が1000枚を

超えている銘柄は、鉄道株4、海運株1、紡績株2にすぎず、恒常的に売買されたのはこれらの株式だけであった。その中心は鉄道株で、全売買高の79％を占めていた。資料上の制約から以上の銘柄をすべて掲げることはできなかったが、図2-1は取引所における売買銘柄の大要を示しているといってよいであろう。

　鉄道株をみると、株価と配当率は92年8月（○印）に関するかぎり、明らかに正の相関を示しているが、91年2月（●印）においては、両者の関係は明瞭ではない。また、株価と預金金利については、92年8月（預金金利4％）の株価が91年2月（同5.2％）よりも高くなっていることから、両者は負の相関を持っていたと思われる。

　以上の点をもう少し明確にするために、各期のクロスセクション・データをプールして前記の回帰式を計算したのが表2-6の上段（1890～93年）である。Pは月別の株価であるが、データは配当落前月、配当月、配当落翌月に分けてプールした。というのは、配当落ちの前後では、同じ配当率であってもそれが株価に与える影響には差があり、これを同一に扱うのは適当でないからである。通常特別な事情のないかぎり、配当落ち直前には配当に対する期待から株価は上昇する傾向がある。一方、配当落ち後には配当を受け取る権利が消失するため株価は下落するのがふつうである。このような配当落ちの前後における株価の変動は、前記の回帰式では説明できない。そこで配当落ち前後の株価の差をできるだけ除去するために、データを3期に分けてプールし、同期の株価を比較することにした。それゆえ、同一期間内における3期の係数と弾力性の差それ自体は問題にしない。

　例えばある株式の配当落ちが4月と10月であったとすれば、配当落前月については3月、9月、配当月は4月、10月、配当落翌月は5月、11月の株価をデータとして用いることになる。いま4年間、6銘柄のデータをプールしたとすれば、データに欠落のないかぎり、各期とも回帰式のサンプル数は、2（1銘柄の1年間のデータ数）×4（4年間）×6（6銘柄）＝48　となる。

　さて、表2-6をみると、株式取引所で形成された株価は配当率とは正の関

図2-1　株式取引所の株価形成（1891年、1892年）

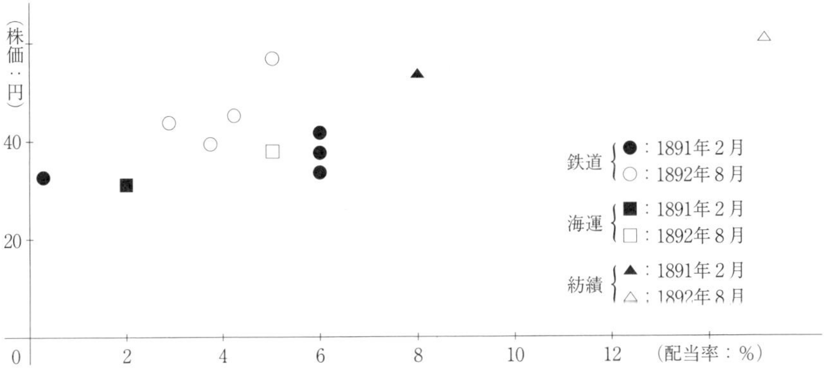

鉄道　● : 1891年2月　○ : 1892年8月
海運　■ : 1891年2月　□ : 1892年8月
紡績　▲ : 1891年2月　△ : 1892年8月

出所：『大阪朝日新聞』、『中外商業新報』、『帝国統計年鑑』、鉄道時報局『帝国鉄道要鑑第三版』（1906年）、藤野正三郎・秋山涼子、前掲書、山口、前掲書、『明治大正国勢総覧』（東洋経済新報社、1929年）。

係、預金金利とは負の関係を示しており、係数はともに統計学的に有意である。図2-1を考え合わせると、取引所における鉄道株の売買では配当率が株価の水準を決定しつつ、同時に預金と競合するような株価が形成されていたと思われる。この時期すでに、配当率のみならず預金金利も株価形成に影響を与えていたとみてよいであろう。

・明治30年代

　明治30年代になると取引所で売買される株式の種類も増加し、鉄道株はほぼすべての銘柄が取引されるようになった。しかし、鉄道株以外の株式で、恒常的に取引所で売買された銘柄はまだそれほど多くはない。1899年から1902年までの4年間に、大阪株式取引所で売買された株式は全部で51銘柄であるが、3カ年以上にわたって現物株式が受渡しされたのは18銘柄にすぎず、このうち14銘柄は鉄道株であった[55]。それ以外の株式は依然として売買高、受渡し高ともわずかな量にとどまっていた。

　図2-2には、1899年11月と翌1900年11月に大阪株式取引所で売買された鉄道株9銘柄、および海運株1銘柄の配当率と株価が示してある。この時期、大阪株式取引所における売買の90％以上は鉄道株であったから、この図は取引所

表2-6 株式取引所における株価形成

		回帰係数			$\overline{R}^2$	D.F.	eD	ei
		a	b	c				
1890年〜1893年	配当落前月	73.908	3.173 *(3.402)	−8.399 *(−3.168)	0.435	28	0.294	−0.874
	配当月	90.899	3.129 *(2.914)	−12.327 *(−3.857)	0.454	27	0.304	−1.272
	配当落翌月	66.087	4.027 *(3.308)	−7.941 **(−2.374)	0.301	27	0.381	−0.775
1899年〜1902年	配当落前月	84.091	4.816 *(17.665)	−8.772 *(−4.755)	0.822	70	0.502	−1.225
	配当月	77.294	4.451 *(16.054)	−7.715 *(−5.026)	0.796	70	0.483	−1.112
	配当落翌月	81.078	4.546 *(15.330)	−8.341 *(−5.269)	0.780	70	0.502	−1.205

出所:図2-1に同じ。
注:(1)( )内はt値、*は1％水準、**は5％水準で有意。$\overline{R}^2$は自由度調整済決定係数、D.F.は自由度、eD、eiはそれぞれD、iの平均で評価した弾力性。
(2)対象銘柄は次の通り。ただし〔 〕内はデータ欠落期間。
・1890〜93年
九州、山陽、関西〔1891年4月、5月〕、大阪
・1899〜1902年
九州〔1901年9月、10月〕、山陽、関西、豊州〔1901年9月以降〕、中国〔1901年以降〕、高野〔1901年以降〕、南海、唐津〔1901年以降〕、西成〔1902年〕、阪鶴〔1902年〕、京都〔1900年1月、2月〕、参宮
(3)配当落は4月、10月。ただし関西1899年、京都は1月、7月。
(4)預金金利は1年もの定期預金金利。ただし1890〜93年は東京、1899〜1902年は大阪。
(5)配当率は年利、半期データ。ただし豊州は年度別データ。

における売買の概要をかなり正確に反映しているとみてよい。

　鉄道株をみると、配当率と株価の正の相関は20年代より強くなっていることが読みとれる。預金金利は1899年11月5.7％、1900年11月7.6％であったが、株価は前者(○印)が後者(●印)より明らかに高く、両者の負の相関がはっきり出ている。この点を明確にするために、前記の回帰式を計算すると、表2−1の下段(1899〜1902年)が得られる。これをみると、配当率、預金金利とも係数のt値は十分に高い。また決定係数$\overline{R}^2$も20年代より大幅に高くなっており、この2つの要因で株価変動の80％近くが説明できる。平均値で評価した配当率に関する弾力性(eD)、預金金利に関する弾力性(ei)についても同様で、

図2-2 株式取引所の株価形成（1899年、1900年）

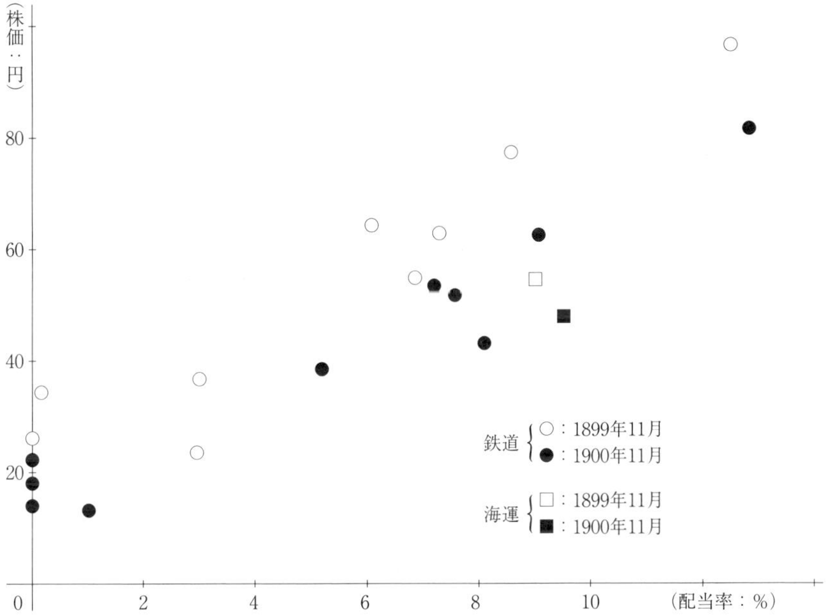

鉄道 ○：1899年11月
　　　●：1900年11月

海運 □：1899年11月
　　　■：1900年11月

出所：図2-1に同じ。

　その絶対値は20年代の鉄道株よりも大きい。いいかえれば、30年代になると配当率と預金金利は株価決定の要因として一層強い影響力を持つようになったということであり、その意味で鉄道株は資産株化の傾向にあったといえよう。

　明治20年代前半の第1次鉄道ブーム時に設立された鉄道会社は、のちに大規模鉄道へと成長したものでも、創業当初は企業としての収益率はさほど安定的ではなく——それでも紡績業ほど不安定ではなかったが——将来の見通しも確固たるものではなかった。しかし30年代に入ると、これらの鉄道会社は営業基盤を固め、経営状態も安定してくる。それに伴って、株式も資産としての安全性を高めていった。鉄道株の資産株化傾向はこのような状況を反映していたと考えられる。

　その一方で、取引所では明治30年代はじめの第2次鉄道ブームに設立された

小規模鉄道の株式もさかんに売買されていた。のちの章で検討することになるが、これら小規模鉄道の多くは収益率がきわめて低く、経営状態は決して良好ではなかった。当然ながら配当率も大規模鉄道には遠く及ばず、株価も低迷し、額面割れの株式も少なくなかった。もっとも、株式自体は資産として無価値になる危険はまずなかった。というのは、鉄道業はその大規模性から倒産の心配は少なかったし、またやがては国有化されて少なくとも資本金程度は回収できるという期待があったからである。その結果として、30年代の取引所では、高株価の大規模鉄道株を頂点とし、低株価の小規模鉄道株を底辺とする株式の序列が形づくられ、その中で資産としての取引、株価形成が行われていたのである。

3　場外市場における株価形成

・明治20年代

　前述のように、場外の現物商は取引所よりはるかに多くの銘柄を取り扱っていた。現物商だけが取引していた株式は、鉄道と海運の一部、紡績、電燈、銀行、保険など多岐にわたっており、もちろん株価も建てられていた。各現物商間の価格の調整には才取りが活躍したといわれているが、詳細は不明である[56]。ここでは、取引所での売買がなく、したがって取引所では株価が形成されなかったこれらの株式について、場外市場でどのような株価が形成されていたかを検討する。なお、ここでは大阪の現物商の店頭価格を場外株価のデータとして用いている。

　図2-3は1892年11月の場外株価と配当率を示している。このなかには、当時大阪株式取引所ではほとんど売買されず、現物商が中心となって取り扱っていた鉄道株、紡績株、電燈株の大半が含まれている[57]。鉄道株の株価（○印）は、配当率と明らかに正の相関を持っていたようである。しかし、紡績株（△印）の株価形成は少し状況を異にしている。この点をいま少し詳細にみるために、業種別にプールしたデータを用いて回帰式を計算した。表2-7の上段（1890～93年）がその結果である。

図2-3　場外市場の株価形成（1892年）

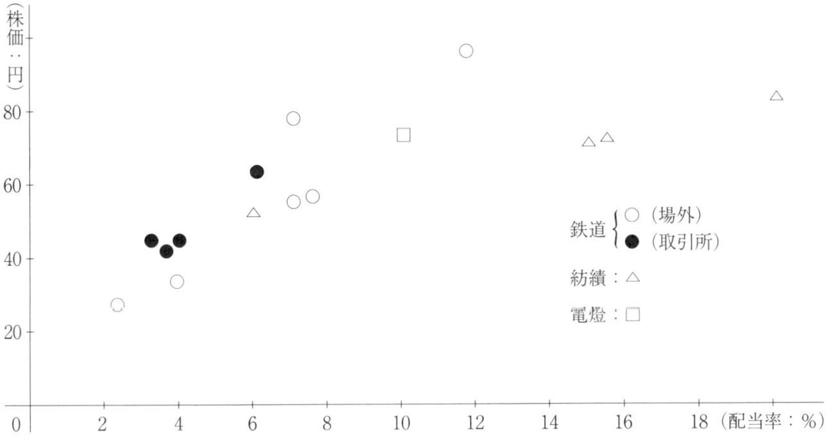

出所：『大阪朝日新聞』、『帝国統計年鑑』、鉄道時報局『帝国鉄道要鑑第三版』（1906年）、山口、前掲書、前掲『明治大正国勢総覧』、東京電燈株式会社編輯『東京電燈開業五十年史』（1936年）、萩原古寿編輯『大阪電燈株式会社沿革史』（1925年）、京都電燈株式会社編輯『京都電燈株式会社五十年史』（1939年）。

　この表には鉄道株と紡績株しか示し得なかったが、両株式の株価形成には差があるようにみえる。すなわち、どちらも配当率は株価と正の関係を示しており、係数も有意であるが、配当率に関する弾力性 eD は鉄道株のほうが大きい。預金金利との関係は一層はっきりした差をみせている。鉄道株は預金金利と負の関係を持っており、係数も有意である。しかし紡績株の場合、負の関係を示してはいるものの、係数の有意水準は低く、弾力性 ei の絶対値も鉄道株よりかなり小さい。

　明治20年代半ばには、紡績会社の多くは創業直後であり株式の払込額もわずかであった。資本金規模も鉄道会社とは比較にならないほど小さく(58)、企業としての安定性はおよぶべくもなかった。紡績株の株価は、大きなプレミアムがついて払込金の数倍に達することもあれば、急落することもしばしばであった。その意味で、紡績株は預金と競合するような資産ではなかったわけで、それゆえに預金金利は株価の決定要因として強い影響力を持たなかったのであろう。

次に、取引所で売買された鉄道株と、場外でのみ取引された鉄道株の株価を比較しよう。図2-3で取引所内の株価（●印）と場外株価（○印）をみると、株価形成にはほとんど差がないようにみえる。しかし表2-6の上段と表2-7の上段の諸数値を比較すると、係数の有意水準、決定係数は概して場外のほうが高く、弾力性の絶対値についても配当率、預金金利とも場外のほうが大きいことがわかる。いいかえれば、配当率と預金金利はむしろ場外の株価形成において一層強く働いていたということである。

明治20年代前半に大阪株式取引所で売買された鉄道株は、大規模鉄道会社、もしくは大阪周辺に路線を持つ中規模鉄道会社のものであった。これらの株式は花形株として取引所で頻繁に売買されたが、それだけに取引にさいしての情報も——非経済的な情報も含めて——多かったと思われる。その結果として、株価形成にさまざまな思惑や期待の入り込む余地が大きくなり、配当率と預金金利の影響力が相対的に小さくなったのであろう。

一方、場外市場で取り扱われた株式は遠隔地の鉄道会社か、あるいは大阪近郊に路線を持つものでも小規模な鉄道会社にかぎられていた。したがって情報も少なく、配当率と預金金利という客観的な要因が株価形成に強く働いたものと考えられる。当時の株式投資の実勢を反映していたのはむしろ場外市場であったといえるのではあるまいか。

・明治30年代

この時期には取引所で売買される銘柄数も増えたが、場外で取り扱われた銘柄はそれ以上に増加した。鉄道株はほとんどの銘柄が取引所で売買されていたが、一部の小規模鉄道株はやはり場外での取引が中心であった。また、鉄道株以外の紡績株、電燈株、銀行株などは取引所でほとんど売買されず、場外市場はその重要性をますます高めていたと思われる。

図2-4には、1901年8月の大阪における場外株価と配当率が示してある。ここには、各業種とも、場外でだけ取り扱われていた銘柄の約半数が掲げられている。まず注目されるのは株価形成の業種別差異である。配当率と株価が正の相関を持つとすれば、グラフ上の各点は右上りの直線上に位置することにな

第2章 証券市場の展開 55

表2-7 場外市場における株価形成

1890〜93年		回帰係数			$\overline{R}^2$	D.F	eD	ei
		a	b	c				
鉄道	配当落前月	117.459	6.321 *(6.305)	−22.020 *(−3.721)	0.604	28	0.737	−1.568
	配当月	119.102	6.186 *(5.532)	−22.179 *(−2.936)	0.529	30	0.716	−1.542
	配当落翌月	95.870	6.790 *(5.616)	−18.138 **(−2.479)	0.481	30	0.777	−1.239
紡績	配当落前月	70.589	2.310 *(5.821)	−8.971 **(−2.177)	0.767	14	0.507	−0.643
	配当月	46.428	2.187 *(4.729)	−2.772 (−0.521)	0.567	14	0.465	−0.189
	配当落翌月	66.534	1.676 *(3.690)	−5.700 (−1.421)	0.524	14	0.357	−0.397
1899〜1902年								
鉄道	配当落前月	43.166	3.732 *(8.098)	−3.092 (−0.592)	0.720	23	0.509	0.502
	配当月	−14.824	3.905 *(8.421)	4.823 (1.078)	0.735	23	0.549	0.803
	配当落翌月	−11.923	4.215 *(8.964)	4.168 (0.917)	0.760	23	0.590	0.690
電燈	配当落前月	104.182	3.439 *(8.448)	−12.059 *(−4.289)	0.802	18	0.711	−1.205
	配当月	96.420	3.631 *(8.210)	−11.630 *(−3.276)	0.752	21	0.764	−1.180
	配当落翌月	89.227	3.346 *(8.620)	−9.883 *(−3.539)	0.777	21	0.692	−0.972
紡績	配当落前月	1.928	2.991 *(11.931)	2.005 (0.636)	0.642	80	0.683	−0.279
	配当月	10.246	3.012 *(13.499)	0.893 (0.243)	0.675	80	0.675	0.123
	配当落翌月	19.212	3.053 *(13.303)	−0.327 (−0.972)	0.666	80	0.671	−0.044
銀行	5月、11月	0.656	7.425 *(14.820)	−0.126 (−0.106)	0.873	50	1.003	−0.012

出所:図2-3、2-4に同じ。
注:(1) 記号、定期預金金利は表2-6に同じ。
　　(2) 対象銘柄は次の通り。ただし〔 〕内はデータ欠落期間。
　　　・1890〜93年
　　　　鉄道:阪堺、讃岐〔1890年9月〜1891年5月〕、両毛〔1890年、1891年〕、甲武〔1890年、1891年〕、筑豊〔1890年、1891年〕、
　　　　北海道炭礦〔1890年3〜5月〕
　　　　紡績:摂津〔1890年1月〜1891年2月〕、尼崎〔1890年1月〜1891年2月〕、三重〔1890年、1891年〕、鐘淵〔1890年1月〜1891年2月〕
　　　・1899〜1902年
　　　　鉄道:京都電気〔1900年〕、伊予〔1899〜1901年〕、奈良〔1899年〕、南和〔1899〜1901年〕、紀和〔1899年、1900年〕、徳島〔1899年1〜10月〕
　　　　電燈:東京、大阪、京都
　　　　紡績:三重〔1899年〕、大阪、平野〔1899年8月〕、摂津、尼崎、泉州〔1899年9〜11月、1901年12月〜1902年2月〕、郡山〔1899年〕、松山〔1899年〕
　　　　銀行:日本、横浜正金、台湾〔1900年1〜7月〕、勧業、第一、拓殖、大阪農工
　　(3) 配当落は4月、10月。ただし阪堺、京都電気、伊予の各鉄道、および電燈、紡績は1月、7月。
　　(4) 銀行の対象期間は資料的制約から1900年から1903年とした。また配当月が不明確であるため配当落ちの影響の少ない5月、11月のデータを用いた。
　　(5) 配当率は年利、半期データ。ただし阪堺、讃岐、豊州、紀和の各鉄道、大阪農工銀行は年度別データ。

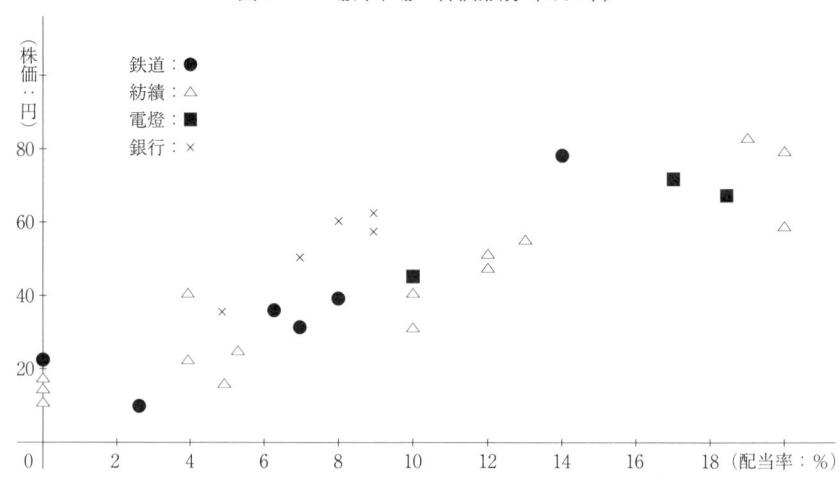

図2-4　場外市場の株価形成（1901年）

出所：『大阪朝日新聞』、『中外商業新報』、『帝国統計年鑑』、前掲『帝国鉄道要鑑第三版』、藤野正三郎・秋山涼子、前掲書、山口、前掲書、前掲『明治大正国勢総覧』、前掲『東京電燈開業五十年史』、前掲『大阪電燈株式会社沿革史』、前掲『京都電燈株式会社五十年史』、大蔵省編纂『明治大正財政史第13巻、第14巻』（1936年）、絹川太一著『本邦綿糸紡績史第四巻、第六巻』（日本綿業倶楽部、1937年）、第一銀行八十年史編纂室『第一銀行史』（1957年）、日本勧業銀行調査部編集『日本勧業銀行史』（1953年）、台湾銀行史編集室編集『台湾銀行史』（1964年）。

る。図をみると、電燈株（■印）は銘柄数が少ないので判然としないが、それ以外の銀行株（×印）、鉄道株（●印）、紡績株（△印）の各点は、それぞれ傾きの異なる3本の右上りの直線上に位置しているようにみえる。すなわち、配当率が株価に与える影響は業種によって差があり、株価形成は一様ではなかったということである。投資家にとって各株式は無差別であったのではなく、業種による株式の特性があり、彼らがそれを意識しつつ投資を行った結果としてこれらの相違が生じたと考えられる。このことはのちに述べるような各業種の株主層の相違を示唆するものでもあろう。

　預金金利との関係も含めて考察するために、前段と同じ方法で回帰式を計算したのが表2-7の下段（1899～1902年）である。どの業種も配当率が株価形成の強い要因であったことは、係数bの有意水準、弾力性eDなどから容易に確認できよう。それゆえここでは預金金利との関係を中心に考察する。

まず鉄道業からみていくと、明治20年代とは異なり、株価と預金金利のあいだに明瞭な関係は見出せない。係数 c の符号は一定ではなく、有意でもない。この時期に場外で取引された鉄道株も、明治30年代初頭にはかなりの量が取引所で売買されていた。しかし、経営の悪化による株価の低落、小規模性、さらには遠隔地の鉄道であることなど、各鉄道会社の持つさまざまな個別的な理由によって、取引所では次第に顧みられなくなっていったものと思われる。これらの株式は資産株としての性格を失いつつあったのであり、それに伴って預金金利との関係も希薄になっていった。

明治20年代の鉄道株の株価は、取引所でも場外市場でも明らかに預金金利と負の関係を持っていた。第1次鉄道ブームに設立された鉄道会社は、のちに幹線となった路線を持つ会社が多く、それゆえに取引所と場外市場のあいだには株価形成における実質的な差は生じなかった。30年代になると、かつて場外だけで取引の対象となっていた鉄道会社も、買収という形で大規模鉄道に組み入れられ、その株式は資産株の性格を強めつつ取引所で売買されるようになる。第1次鉄道ブームに設立された鉄道会社の株主は、当初からある程度の地域的な広がりを持っていたが、買収によって一層広汎な株主をかかえるようになる。彼らの多くは零細な小株主であり、鉄道株を「資産」として保有していたと考えてよいであろう。

前述のように、第2次鉄道ブームに設立された小規模鉄道株もまた、取引所で頻繁に売買されており、株価は低いながらも、当時の鉄道業がおかれていた状況から、その株式はやはり資産株の性格を持っていた。したがって明治30年代に現物商だけが取り扱っていた鉄道株は、いわば場外に取り残された株式であった。その意味で、鉄道業にかぎってみれば、場外市場はそれ独自の株価形成という役割を終え流通市場としての機能だけを果すことになったのである。

表2-7の下段に掲げた業種の中で、預金金利と負の関係を持っていたといえるのは電燈株だけである。係数はすべて有意であり、決定係数、弾力性とも、同時期に取引所で売買された鉄道株と変わらない大きさである。ここに取り上げた3つの電燈会社はいずれも当時としては大企業であり、企業としての収益

率も配当率も安定していた。それだからこそ資産株的な株価形成が行われたのであろうが、それが場外市場で行われたということ自体不思議な事実である。

当時の場外取引の中心は紡績株であった。明治30年代には数多くの紡績会社が存在しており、株式移動も少なくなかったが、取引所での売買はまったくといってよいほどなかった。表 2-7 の下段をみると、株価は配当率には強い影響を受けていたが、係数の有意水準からみて預金金利とは無関係であったようである。前にも述べたように、紡績業は鉄道業などと比べれば資本金規模も小さく、また好不況の影響を受けやすいために収益率の不安定な業種である。30年代になってもその性格に基本的な変化はなかった。紡績株は資産株たり得るような安定的な投資対象ではなかったのである。

紡績業の株主の中心は商人層であったが、なかでもとりわけ木綿商が多かった[59]。したがって、彼らの紡績株への投資は、株式を資産として選択したというよりは、むしろ経営参加を意図した「出資」であったというほうが適切であろう。それゆえ株価の変動は、預金金利よりも、綿関係商品の市況のような企業の収益に直接かかわる要因が強く働いたと思われる[60]。

4 株式取引所と場外市場の機能

ここまで述べてきたように、明治期の株式取引所と場外市場はそれぞれ独自の機能を持っていた。取引所は流通市場としての意義は小さかったが、株価形成については特定の役割を果していた。明治20年代に取引所で売買された鉄道業、海運業などの株式は、企業が成長拡大するにつれ次第に資産株化の傾向をみせはじめるが、同時に株主層も地域的に広がっていった。それゆえ、この時期にさかんに行われた新株募集、分割払込制度による株金の追加払込みといった企業の資金調達を円滑に行うためには、全国的に平準化された株価が形成されねばならず、それには情報伝達、取引手続きなどの点で整備されている株式取引所の機構が必要であった。実際、取引所で形成された株価は、少なくとも東京と大阪では平準化していた。そして取引所で形成された株価は、現物商に仲介されてそのまま場外市場に引きつがれ、その価格で現物株式の取引が行わ

れたのである。しかしながら、20年代に取引所で売買された株式はまだ完全に資産株化したというわけではなく、投資家にとっては、ある程度の経営参加を意図した「出資」としての性格も強かったように思われる。この時期の取引所と場外市場における鉄道株の株価形成に実質的な差がなかったのは、このことの反映であろう。

　ところが明治30年代に入ると、取引所での売買の中心であった鉄道業は、すでに新株発行と株金の追加払込みによる急激な資本金規模の拡大を終え、大規模鉄道は安定的な段階へと移行し、小規模鉄道の多くは拡大を停止する。そしていずれの場合も、国有化という条件に支えられながら、その株式は資産株として十分な安全性を持つようになったのである。株式は一度発行されそれによって企業の資金調達が完了すれば、その後に市場でどのような株価が形成されようと、株価自体は企業にとって直接的な意味はなく、株式を資産として選択する投資家にとってこそ重要な意味を持つ。30年代の取引所における株式取引はまさにこのような状況にあった。つまり、株式取引所の役割は資産株の株価形成にあったのであり、資産株化に伴う株主の地域的な広がりのゆえに、取引所という公的な組織の中で株価形成が行われねばならなかったのである。

　一方、場外市場は現物株式の流通市場という重要な役割を持っていたが、それのみならず取引所で売買されない株式の株価を決定するという機能をも担っていた。場外市場を中心に取引された株式の多くは、比較的小規模な、しかし成長の途上にある新しい産業に属する企業の株式であり、その意味では、投資家にとって場外市場は資産選択の場であるよりは、自らが企業者たらんとする出資の場であり、同時に資金調達の場であった。その結果として、これらの株式の株価形成にはそれぞれの業種の特性を反映した株価決定要因が働くことになったのであろう。また株価の平準化についても、株主の地域的な広がりが小さかったために、場外市場の株価形成機能がカバーしていた地域的範囲で十分であった。

　しかし企業が成長して株式の資産としての安全性が高まると、つまり株式が資産株化すると、明治20年代に場外で取引されていた鉄道株のように、取引所

に売買の中心が移り——資産株的な株価が形成されながら、依然として場外で売買された電燈株のような例外的な事例もあるが——そのような株式にかぎっては場外市場の株価形成機能はその役割を終えるのである。このような場外市場の機能は、新しい産業に資金調達の場を与えるという意味で、きわめて重要な役割を担っていた。

　明治期の株式市場は、取引所では差金決済取引が行われ、現物株式の受渡しは場外でなされるという、市場としては一見分断された状況にあった。しかし現実には、取引所と場外市場は強い結びつきを持っていたのであり、両者がそれぞれの機能を分担しつつ、ひとつの株式市場として成立していたのである。

注
（１）　J.M.ケインズ著／塩野谷祐一訳『ケインズ全集第7巻　雇用、利子および貨幣の一般理論』（東洋経済新報社、1983年）153～154頁。
（２）　拙稿「明治中期の投資行動」『社会経済史学』第49巻第3号（1983年）59頁、60頁、71～73頁。
（３）　東京株式取引所『東京株式取引所五十年史』（1928年）1頁。
（４）　同上書、2頁。
（５）　野田正穂『日本証券市場成立史』（有斐閣、1980年）19～22頁。
（６）　加藤俊彦『本邦銀行史論』（東京大学出版会、1957年）24～25頁。
（７）　第一国立銀行は渋沢栄一、三井、小野、第二は横浜為替会社、第四は新潟の地主、第五は鹿児島と大分の士族により設立された。
（８）　朝倉孝吉『新編日本金融史』（日本経済評論社、1988年）35～36頁。
（９）　寺西重郎『日本の経済発展と金融』（岩波書店、1982年）144頁。
（10）　『國史大辭典』（吉川弘文館、1988年）
（11）　寺西、前掲書（1982年）、145頁。
（12）　西川俊作『日本経済の成長史』174～175頁。
（13）　寺西、前掲書（1982年）、149頁。
（14）　野田、前掲書、21～25頁。
（15）　前掲『東京株式取引所五十年史』27頁。
（16）　同上書、2～3頁。
（17）　同上書、5～7頁。
（18）　同上書、付表第八表、および198頁付表。

(19) 大阪株式取引所『大株五十年史』(1928年) 555～557頁。
(20) 前掲『東京株式取引所五十年史』9～11頁。
(21) 「預け合い」とは取引所外に密かに設けた清算機関で日歩を払い、決済を将来に繰り延べることである。藤野正三郎・秋山涼子『証券価格と利子率 Vol. 1』(一橋経済研究所、1977年) 3頁。
(22) 野田、前掲書、257頁。
(23) 宮本、前掲書、222頁
(24) 設立順に東京、大阪、横浜 (1881年)、京都 (1885年)、名古屋 (1886年)、新潟 (1896年)。証券経済研究所『証券年表』(1989年) による。
(25) 林健久「明治期の株式会社」嘉治貞夫編『独占資本の研究』(東京大学出版会、1963年) 213頁。
(26) 伊牟田、前掲書、20頁。
(27) 野田、前掲書、234頁。
(28) 杉野喜精「明治大正に亘る證券界の推移」渋沢栄一・三宅雄二郎・鎌田栄吉監修『明治大正史』(実業之世界社、1929年) 168頁
(29) 高村直助「紡績会社の資金調達」山口和雄編『日本産業金融史研究　紡績金融篇』(東京大学出版会、1970年) 243、532頁。
(30) 野田、前掲書、270頁。
(31) 同上書、276頁。
(32) 前掲『東京株式取引所五十年史』260～262頁付表。
(33) 野田、前掲書、281頁。
(34) 以下は高橋弘『買占め』(ダイヤモンド社、1961年)、松永定一『新北浜盛衰記』(東洋経済新報社、1977年) による。
(35) 前掲『大株五十年史』558頁。
(36) 買方より安値で売りを出すなど、不合理な売買注文を出すこと。
(37) すべての約定を解約し、話し合いで清算額を決めること。
(38) 『才取史』(東証才取会員協会、1975年) 46～53頁。
(39) 『山一證券史』(山一證券社史編纂室、1958年) 115頁。
(40) 前掲『才取史』59頁。
(41) 野田、前掲書、280～281頁。
(42) 村上はつ「紡績会社の証券発行と株主」山口、前掲書、83頁。
(43) 前掲『才取史』61頁。
(44) 有沢広巳監修『証券百年史』(日本経済新聞社、1978年) 154頁。
(45) 伊牟田、前掲書、31頁。

(46) 野田、前掲書、271頁。
(47) データとして用いた株価はすべて『大阪朝日新聞』、『東京朝日新聞』、『中外商業新報』の3紙によっている。株式取引所内の株価を日単位で利用するときは当月限株式価格を用いた。
(48) タイルのUは、二系列の一致、不一致を表わす統計量で、完全一致なら0、不一致の度合が高まるにつれて大きくなる。詳しくは、アンリ・タイル／岡本哲治訳『経済の予測と政策』（創文社、1964年）40頁以下を参照。
(49) 取引所内の株価は場外株価よりも若干高い傾向にある。これは、当月限株式であるとはいえ、月末に決済される先物取引であることも一因と思われる。
(50) 山陽鉄道株は4月13日から27日まで取引所と場外株価が大きく乖離していた。その理由は不明であるが、その期間を除くと前場との相関係数は0.996となった。
(51) 企業の将来キャッシュフローの予測がバイアスなく行われ、その情報が株価に迅速に反映されれば、企業への資金配分は市場で形成された価格によって好ましい形で達成される。このとき投資家は長期にわたって超過収益をあげ続けることは出来ない。このとき市場は効率的であるといわれる。明治期の株式市場の効率性は株価に関しての情報については効率的であったことが実証されている。片岡豊・丸淳子・寺西重郎「明治後期における株式市場の効率性の分析（下）」『証券経済研究』第48号（2004年）参照のこと。
(52) 投資家にとって、この2つの要因とならんで重要なのは増資による収益であるが、明治期には新株にも分割払込み制度がとられていたため、新株発行による旧株の株価変動はあまり大きくない。
(53) データとして用いた株価は『大阪朝日新聞』、『東京朝日新聞』、『中外商業新報』（現『日本経済新聞』）の3紙によっており、株式取引所内の株価を日単位で利用するときは当月限株式価格を用い、月単位で利用するときは当該月の取引値段（受渡価格と思われる）を用いたが、不明の場合は月内最高・最低価格の平均値をこれに代えた。場外市場の月平均株価は、週に1回ずつ各月4回現物商の店頭価格を取り出しこれを平均した。なお、月平均株価は取引所内株価、場外株価とも払込金に比例させて株価を修正し、すべて50円払いに対応する株価にしてある。
(54) 弾力性は次のように求められる。

$eD = b \cdot DA/PA$, $ei = c \cdot iA/PA$

ただし、DA、iA、PAはそれぞれ配当率、預金利、株価の平均値、b、cは回帰係数である。
(55) 18銘柄の内訳は鉄道株14、海運株1、紡績株1、取引所株2であるが、取引所

株はそれが純然たる投機株であったという理由からこれを除外し、紡績株と２つの鉄道株は利用可能な資料が少ないため、以下の検討の対象からはずした。
(56)　前掲『才取史』59頁。
(57)　ただし、1891、1892年には摂津妨、尼崎紡、1893年には讃岐鉄道、筑豊鉄道の株式が取引所でもある程度売買されていた。
(58)　例えば、1893年の時点で、まだ中規模鉄道にすぎなかった関西鉄道の払込資本金は、当時最大規模の紡績会社であった大阪紡の３倍近くに達していた。
(59)　村上、前掲論文、86～96頁。
(60)　1903年の岸和田紡の株価は綿糸価格と強い正の相関を持っていた（相関係数0.912、サンプル数12）。なおこの年の配当率は一定であった。

第3章　鉄道業における株式投資収益率

第1節　投資とリスク

1　資産選択としての投資

　明治期を産業化の時代ととらえるなら、その具体的内容のひとつは、伝統的在来産業に加え、近代産業という新たな経済の中核が誕生したことであるといえよう。それは経済の単なる量的拡大にとどまらない質的大変革であり、これを実現するためには従来の経済活動におけるものとは異質の投資行動が必要とされた。一般的にいえば、近代産業の成立過程において新しい産業を担った経済主体が、在来産業に参加していた経済主体より大きなリスクを負うのは不可避である。具体的にいえば、実績のない近代産業へ参加した投資家は将来における損失というリスクと、不安定な収益率という不確実性の両方を負って投資活動を行ったということである。

　投資家の資産選択の可能性には、株式、債券、預金、土地などがあるが、その中で株式が最も危険な資産であり、不確実性の高い投資対象であることはいうまでもない。土地は有形の資産であり、投資の見返りとしての収益が期待を裏切ったとしても、土地は手元に残る。預金は銀行に対する貸付であり、投資に対してリスクを負うのは貸し手としての銀行である。預金者は投資に対して直接リスクを負わない。当然ながら預金金利は銀行の貸付金利より低いが、銀行が倒産しないかぎり預金は利付きの安全資産である。債券投資のリスクは投資家が負担するが、国債にせよ社債にせよ、借り手（国債なら国家、社債なら会社）にとっては借金であり、たとえ事業主体が赤字であっても元利の返済義務を負い、もしデフォルトを起こせば事業主体は倒産となる。それに対して株式は、発行主体つまり株式会社に返済義務があるわけではない。株式発行企業の収益状況が良好なら高配当と高株価が期待できるが、ひとたび経営が悪化すれば、株式は無配当に転落し、もし倒産すれば株券はただの紙屑となる。

　このように、投資対象の期待収益率とリスクはバーターの関係にあり、投資

対象の選択の失敗による永きにわたるハイリスク・ローリターンはあっても、長期的なローリスク・ハイリターンは存在し得ない。この意味で株式はハイリスク・ハイリターンの投資対象である。

　現実の投資動機には、純粋に経済的なものからまったく非経済的なものまでさまざまであるが、差し当り最も単純な経済的要因のみを抜き出して考えよう。一般に、純経済的な投資決定基準は期待収益率と資本コストとの比較、および投資に伴うリスクの大きさであるとされている。しかしながら、投資家が期待収益率とリスクの大きさを事前に正確に知ることは困難である。それゆえ、新しい産業に投資をする投資家が実際になし得ることは──特に彼が無機能資本家であるときには──先発同種企業の収益率と自らの経済予測に立って投資の意思決定を行い、さらにもし投資後の収益率が予想外に低い場合には、その部門から資産を引き上げることしかないであろう。

　近代産業はその大規模性から社会の多くの階層からの出資を必要とし、それゆえに半ば必然的に株式会社制度を採用せざるを得なかった。このような意味において、個人の資産を賭して最初に投資を行ったのは創業株主であるといえる。日本においても近代産業は株式会社を中心に発展してきた。日本の近代産業を担った株式会社の資本金は分割払込制度の下である程度の期間を通じてほぼ完納され、増資も行われている。それでは、実際に明治期の近代産業に対する株式投資収益率は在来の投資機会による収益率よりも高かったのであろうか、収益率が高かったからこそ投資が継続的に行われたのであろうか。これが第一の問題である。

　明治期近代産業の発展に不可欠な要素であった株式会社に出資した株主がリスクを負っていたことは疑いない。なかでも会社設立時の株式を購入した創業株主の役割は決定的に重要である。なぜなら彼らは企業の実際の収益性という裏付けなしに株式を引き受けねばならなかったからである。また株式は流動性を本来の特性としているから、投資家が創業後に株式を資産として選択することもあり得る。このような投資家＝株主には、それまでの株式投資収益率が現実の収益性という裏付けを持っている分だけ、幾分かは確実な投資決定基準が

与えられていたといえよう。このような観点から、本章では創業期からの株主の収益率と創業後に投資に参加した株主の収益率の両方を換討する。

　明治期に財閥、華族等の大資産家が大量の資金を株式に投資したことはよく知られているが、結果的にみるとその所有株式の大半は銀行・海運・鉄道に集中している。彼らはその集中の過程でいかなる投資基準のもとに資産の運用を行ったのか、また彼らの投資にリスクはなかったのか。これが第二の問題である。もちろん株式投資は大資産家によってのみ行われたわけではなく、地方の地主、商人といった中小規模の投資家も数多く参加していた。これら中小の投資家と大資産家の投資との関係は、後者の資産運用を考察する過程でひとつの側面が明らかになるであろう。

2　分析対象と株価データ

　本章では鉄道業を中心に株式投資収益率と株主のあり方について検討するが、鉄道業と比較するために紡績業もとりあげる。紡績業は鉄道業とは違った意味で明治期株式会社の花形であった。紡績業と比較することで、鉄道業の特性がより一層明確に理解されるであろう。

　日本の近代紡績業は、当初はイギリス資本による綿製品に対する輸入代替産業として、のちには輸出産業として日本の近代化を支える大きな柱となったが、資金的には政府の援助なしに民間の手によって発展してきた。日本の近代紡績業は1883年大阪紡績の設立に始まる。大阪紡績の成功もあって明治20年代に続々と紡績会社が設立され、1898年には80社以上が操業していた。同年に操業が確認された81社中64社の平均払込資本金は約48万円であり[1]、鉄道業に比べれば規模は小さかった。払込資本金総額は鉄道業の約4分の1、工業部門の38％を占める程度であった。

　紡績業の株主は、紡績会社重役、木綿商、綿糸商が多く、株式の分散度は鉄道業よりも小さかった。それでも筆頭株主が株式の過半以上を保有するということはなく、株式保有上位10名への集中度は発行株式数の20％台から30％程度の企業が多かった[2]。

紡績業は好不況の影響を受けやすい業種であり、各会社の営業状態は決して安定していたわけではない。不況期には操業短縮を余儀なくされることも多かったが、それでも株式会社としては鉄道業に次ぐ重要性を持っていたといってよい。

　以下では、この両部門における株式投資収益率を比較検討し、さらに株式投資以外の資産選択の可能性として土地利回りと預金金利をとりあげ、両部門の収益率と比較する。

　実際の分析をするにさいして、データとして利用可能な株価には取引所内株価と場外株価という2つの系列があるが、ここでは場外の株価を用いる。その理由の第一は、場外市場が現物取引市場、すなわち投資市場であったことである。もっとも前章でみたように、取引所内株価と場外株価はきわめて近い値を示していた。したがってデータとしてはほとんど差がなく、大きな影響はないであろう。

　場外の株価を用いるいまひとつの理由は、場外市場における取扱銘柄数が取引所よりもはるかに多かったことにある。株式取引所は公的な組織であったが、そこで売買された株式は鉄道業と取引所株を中心としたごく限定された銘柄であり、データとしての制約が大きい。場外市場では多くの現物商が営業しており、複数のデータ系列が観察可能である。本章では分析の範囲とデータの連続性という観点から場外株価を優先し、取引所内の株価は場外株価が得られなかった銘柄についてのみ用いることとした。

　株式投資による収益はインカム・ゲインとキャピタル・ゲインの2つに分かれる。株式投資収益率を考えるさいにも両者は区別して扱う必要がある。さらにそのそれぞれについて創業期からの株主の投資収益率と創業後に投資に参加した株主の投資した時点（年度）での収益率を算出する。次節ではその算出方法について考える。

第2節　投資収益率の計算

1　インカム・ゲイン

インカム・ゲインは配当率と配当利回りを検討対象とする。

・配当率

配当率の計算は以下のように行う。

　　配当率（年利、％）＝配当総額÷払込資本金総額×100

企業にとって、当期利益の中からどの程度を配当に回すかは大きな問題である。企業の市場価値を高める、すなわち株価を上げるためには配当率を上げさえすればよいというものではない[3]。そうはいっても配当率を下げれば心理的要因から株価は下がるかもしれず、そうなれば増資が困難になる。しかし配当率は企業にとっては大問題であっても、株主にとっては彼が創業期から株式を持っている場合にのみ、つまり創業株主であるときのみ意味を持つ。なぜなら、株式はひとたび発行されれば株価が形成され、創業後に株式を購入する投資家は、株式の額面ではなく株価をもって株を購入するからである。

・配当利回り

創業後に株式を購入した投資家にとって投資収益率の指標となるのは配当利回りであるが、単に「利回り」と呼ばれることもある。配当利回りは以下のように計算する。

　　配当利回り（年利、％）＝１株当り配当金額÷年平均株価×100

ここで１株当り配当は旧株で計算する。旧株とは新株に対する呼称で、増資時点における発行済株式を意味する。以降検討する収益率についてもすべて旧株が対象である。１株当り配当は、

　　１株当り配当＝配当総額÷払込資本金総額×旧株払込金

で求める。式からわかるように、ここでは配当は払込金に応じて支払われると仮定している。すなわち、配当総額を払込資本金で除して払込金１円当りの配

当を算出し、それに旧株1株当り払込金を乗じて1株当りの配当としている。このような方法で1株当りの配当を求めるのは、明治期には株金の分割払込制度が採用されていたため、同時期に払込金の異なる新株と旧株が共に存在するという状況がまったく普通のことであり、それゆえに総配当を総株数で除しただけでは1株当り配当が得られないからである。

分割払込制度は、株主が一度に株式の額面金額を払うのではなく、数カ月、あるいは数年にわたり、何回かに分けて株金を払い込む方法であり、2回目以降の払込みは追加払込みといわれる。そのため創業したばかりの企業においては、同一会計年度内においても旧株の払込金が異なることがあり、年平均株価の推計は少々煩雑になる[4]。

例として、次のような払込金と株価をもつ株式の年平均株価を計算しよう。会計年度は1月から12月、配当落ちは6月、12月とする。

〔例1〕　　　単位：円

月	1	6	12
払込金	20	25	30
株価	25	31	38

まず考えられるのは、払込金に応じて株価が比例的に変化すると仮定する方法である。このとき1月、6月の株価を12月の30円払込み修正すれば、

　　1月の株価 $= 25 \times 30 \div 20 = 37.5$　　（円）

　　6月の株価 $= 31 \times 30 \div 25 = 37.2$　　（円）

となる。1月、6月、12月の3カ月だけの平均株価をとれば、37.6円となり、大きな問題はない。

しかし次のような場合にはどうなるか。会計年度、配当落ちは例1と同じである。

〔例2〕　　　単位：円

月	1	6	12
払込金	1	10	10
株価	8	12	13

1月の株価＝8×10÷1＝80　（円）

　3カ月の平均株価は35円になる。1月の修正株価を80円とするのに無理があることは否めないであろう。このような例は決して極端なものではなく、権利株、あるいは開業間もない企業の株式にはよくある事態である[5]。

　そこで次のように考える。いま、1月に払込金1円株価8円の株式を所有している株主が6月に12円の株価（払込金10円）で売却するためには9円の追加払込みが必要である。9円の追加払込みをして12円で売るのであるから、株主は3円を手にすることになる。つまり、1月の株式（払込金1円）の6月における理論的株価は3円になるわけである。しかし実際の株価は8円であるから理論値の8/3倍である。さて、6月には払込金10円に対して12円の株価が形成されている。したがって、もし1月の株価を6月の払込金にあわせて修正すれば

1月の株価＝12×8/3＝32（円）

となり、3カ月の平均は19円となる。1月の32円という株価はそれでも高いが、これはリスクを取って権利株所有者となった投資家の利得であると考えるべきであろう。

　実際の計算ではこの方法を半期ごとに用いた。例にしたがっていえば、1月から6月までの株価はすべて6月の払込金にあわせて修正し6カ月の平均株価を算出し、7月から12月までの株価は12月にあわせて平均株価を求めた。さらに、6月の払込金を12月の払込金に比例させて上期の平均株価を修正し、それを下期の平均株価と平均して年平均株価とした。上期を下期の払込金比例の方法によって修正、平均したのは、配当落ちにさいして払込みが完了していないと配当は受け取れず、したがって払込みの意思がある株主は半期の末6月には払込みを完了するであろうと仮定したからである。1月に1円払い込んだだけで、12月まで株式を保有することは実際には困難であったと思われる[6]。

　このように株式を売却した時の収益を基礎に株価を修正する方法は、とくに権利株の株価修正に有効であると考える。というのは、権利株に伴う特殊なプレミアムは株式を売却してはじめて実現し得る収益であり、株式を所有し続け

るならいずれは消滅するという性質を持っているからである。同一年度内に払込金が数倍になるような事例は、ほとんどの場合設立あるいは開業年度に限られており、それ以降はあまり問題にならないが[7]、創業株主の投資収益率を考えるさいには必要な修正作業であろう。

以上のように算出した各月の株価の平均を年平均株価とし、これと1株当り配当を用いて配当利回りを算出するのであるが、この利回りは創業後に株式を購入した投資家にとっての購入した時点での収益率である。いいかえれば、購入した年度にのみ意味を持ついわば1年限りの収益率である。しかしもし創業株主が自己の保有する株式の価値を時価で評価するなら、配当利回りは創業株主にとっても意味を持つ。その場合、創業株主はキャピタル・ゲインをも収益として考えていることになるであろう。なぜなら、額面金額=払込金と時価との差額はキャピタル・ゲインであり、その差を収益として考えていてこそ株式を時価で評価することができるからである。

2 キャピタル・ゲイン

株式のような有価証券類は、ある意味でインカム・ゲイン以上にキャピタル・ゲインが重要な意味を持つ。創業株主もまた創業後に時価で株式を購入した株主も株変動によってキャピタル・ゲイン（あるいはロス）を得る。ここではこれを利益回りと呼ぶことにする。

・払込金に対する利益廻りR

利益廻りRは以下の式で求める。

$R = (t年i月の株価 - t年i月の払込金) ÷ t年i月の払込金 × 100$

払込金に対する利益回りRは、創業株主のキャピタル・ゲインについての収益率である。創業株式を手に入れる時支払うのは払込金であるから、収益は株価と払込金の差額になる。この収益を株価で除して、売却した時の代金に対する収益率を示したのがRである。払込金を100としたときの株価指数といってもよい。これはいわばキャピタル・ゲインの配当率であり、インカム・ゲインの配当率に対応する。

第3章　鉄道業における株式投資収益率　75

・単年度利益回り r

単年度利益廻り r は、1年前に購入した株を翌年売却する時に株主が得る収益率である。計算式は以下の通りである。

r ＝ ｛t 年 i 月の株価 −（t 年 − 1）年 i 月株価｝ ÷（t 年 − 1）年 i 月の株価 × 100

計算式からわかるように、株主は1年前にその年の年平均株価で株式を購入したと仮定する。そして翌年のある月にその株を売却した時、収益が購入代金に対してどれだけになるかを算出しようとしたものである。利益回り r は利回りに対応するもので、株式を資産として選択した時点での1年限りの収益率である。

3　標準偏差

キャピタル・ゲインはインカム・ゲインと異なり、株価の変動によって同一年度内でもかなりの増減を示す。したがって利益回りも性格上不確実性を持たざるを得ない。その不確実性の尺度として年度内における各月収益率の標準偏差 σ をとった。

$$\sigma = \sqrt{\frac{\Sigma (X_i - \overline{X})^2}{n-1}}$$

ただし、X_i は i 月の利益率、$\overline{X}$ はその年の平均利益率である。

ポートフォリオ理論では標準偏差をリスクの代理変数として用いているが[8]、この標準偏差を不確実性の絶対的尺度とはしない。つまり標準偏差の値は同一企業内での収益率の変動幅を示すものにすぎず、他企業のそれとは比較しないということである。額面を割ったきわめて低い株価も少なくなく、そのために同じ1円の株価の変動でも、それが収益率に与える影響が各企業によって大きく異なることを考慮すると、標準偏差を不確実性の絶対的尺度とするには無理があろう。ここでの標準偏差は、同一企業内での動きのみを考察の対象とする。

標準偏差の計算の都合上、収益率 X は利益廻り R、r とは若干異なる形の利

益率を用いた⁽⁹⁾。標準偏差を不確実性の絶対的尺度としては用いないので、大きな齟齬はない。

さて、実際に投資家が手にするのは課税後の収益である。しかし明治期、とくに本章の分析対象期間内では株式配当は課税対象ではなく、また株式を売買したときの所得税も無視しうるほどに小さかった⁽¹⁰⁾。

4　土地利回りの計算

株式投資収益率と比較される土地利回りは次のように計算される。
・土地利回り（年利、％）＝ 1反当り小作料×米価÷1反当り売買地価×100

本章で用いる土地利回りは地主の収益率である。小作料収入に対する課税率は高く、無視することは出来ない。実際に地主が得る収益は上記の土地利回りに税引き後の地主所得率を乗じたものになる。すなわち
・税引き後土地利回り＝土地利回り×（1−課税率）
である。

土地利回りに関するデータは『長期経済統計』第9巻と『農事調査表』、および齋藤万吉調査⁽¹¹⁾を利用した。地価と小作料はともにデータが不連続であり、両方がそろっている年度は1885年、1890年、1899年、1903年から1905年の期間だけである。そこで同一年度について売買地価と小作料のいずれか一方が欠落しているときは、売買地価の年度を固定し、それに最も近い年度の小作料を当該年度の小作料とした。

第3節　株式投資収益率

1　分析対象企業

本章では鉄道業と紡績業を分析の対象とする。対象企業は次のとおりである。
〈鉄道業〉
　明治10年代に設立された企業：日本、阪堺

第1次鉄道ブームに設立された企業：山陽、九州、関西、大阪、甲武、両毛、讃岐、筑豊、総武
第2次鉄道ブームに設立された企業：阪鶴、南和、西成、中国、徳島、南海
〈紡績業〉
大阪、三重、鐘淵、尼崎、摂津、福島、平野、泉州、岸和田、堺、日本
（ただし三重、鐘淵はインカム・ゲインのみ）
以下対象企業の概要をまとめておこう(12)。

2　鉄道業

　鉄道業は一部の例外を除き、基本的に経営は自由であったが、設立にさいしては免許を下付する権限を政府が持っており、増減資や社債発行にも許可が必要であった。その意味で政府よる一定の管理下にあったが、一方でいくつかの企業は保護も受けていた。

・日本鉄道

　私設鉄道建設の試みは1871年頃に早くも出現する。高島嘉右衛門を中心とする東京鉄道組合、つづいて岩倉具視の主唱とする東北鉄道会社などがそれであるが、これらはいずれも華士族の資産を建設資金とする計画であった。結局開業にこぎつけたのは、第十五国立銀行を中核とし、ほとんどの華族が設立に参加した日本鉄道株式会社だけであった。

　日本鉄道は1881年設立、1884年に開業されたわが国最初の、そして最大の私設鉄道であり、同時に最大の株式会社でもあった。もっとも私設鉄道とはいっても実態は準官設鉄道ともいうべき半官半民の企業であり、政府への建設工事および列車運転の委託、さらには10年間8％の利子補給など、きわめて厚い政府保護の下にあった。

　日本鉄道は「維新政府による華（士）族授産政策」(13)という色彩の強い企業であり、政府首脳からも積極的な援助を与えられた。その意味で後述する山陽、関西、九州などの大規模鉄道とは異質の鉄道であった。

　日本鉄道は1891年に上野〜青森間の鉄道敷設を完了し、その後は沿線の中小

私鉄を吸収しつつ、鉄道国有化にいたるまで最大の私鉄としての地位を保ち続けた。

・阪堺鉄道

大阪～堺間を結ぶ小規模鉄道であり、純然たる民間鉄道としては日本で最初の私設鉄道である。工部省からの機関車、軌条、付属品の払下げ、大阪府の敷地買収斡旋は受けたものの、出資者のほとんどは大阪商人であった。

阪堺鉄道は、はじめての旅客中心の都市近郊路線としての意義も有している。大阪とその周辺の衛星都市を連結するという有利な立地条件と営業基盤をもっており、鉄道企業としては異例ともいえる高配当を実現した。

同社は1898年、南海鉄道に鉄道一切を売り渡し、会社を解散した。

・山陽鉄道

1886年、兵庫県知事が中心となり神戸から姫路にいたる路線を計画し、その旨を政府に伝えた。政府は路線を岡山、広島を通じて下関に延長するか、あるいは延長できないときは政府が延長路線を敷設したさいに神戸～姫路間を資本金をもって政府に譲渡すべきことを免許の条件とした。会社側は姫路以西の建設を決定し88年免許状を得た。

しかし姫路以西の建設は資本金募集が思うように進まず、会社側は政府にいくつかの援助を依頼するが、これもほとんどが却下された。加えて90年の恐慌の影響、立地条件の悪さもあり、しばらく利益は出なかった。

山陽鉄道が一応の収益を出すようになるのは、1892年に牛場卓蔵、松本重太郎を専門経営者として迎えてからである。牛場は配当を制限し、投資を積極化することによって事業拡大をはかった[14]。

98年に路線は徳山まで開通し、同年徳山～下関間を汽船でつなぎ一応予定路線を完成させた。

・九州鉄道

九州鉄道は福岡、熊本、佐賀の三県知事が九州縦貫鉄道を計画し、それに長崎県知事が加わるという四県合同の事業であった。大事業であるため民設の許可がなかなかおりなかったが、1888年ようやく免許状を得た。

政府は営業開始まで資本金に対して4％の利子補給を与えたが、資金難は深刻であった。資本金の払込み状況がきわめて悪かったからである。1890年恐慌は石炭輸送を基盤とする同社にとって大きな損失をもたらしたが、社債の発行によってかろうじて難局を切り抜けた。

・関西鉄道

1880年、京都〜大津間に鉄道が敷設されたが、大津〜長浜間の交通は汽船に頼っていた。そこで滋賀県議会議員などによって、京都〜四日市〜名古屋間、および京都〜大津〜津山田間の鉄道敷設が計画された。しかし、「県下の富豪に説く処ありしか建設費の巨額なると前途の成功困難なる」[15]ためにこれに応ずるものはいなかった。

そこで京都の有志者を説得し、さらに同一の計画を持っていた三重のグループを加え、三者合同して関西鉄道会社を設立した。

関西地区とはいっても鉄道としての立地条件はかなり悪く、そのうえ大規模な工事が必要であったため収益性は決してよくなかった。同社は大阪鉄道、紀和鉄道を合併し、関西一帯の路線網を持つようになったが、状況はさほど改善されずに国有化を迎える。

・両毛鉄道

栃木県小山と群馬県前橋を結ぶ小規模鉄道で、主として機業地を連絡していた。両毛鉄道は「政府の助力を待たず、まったく民間独立の事業として線路の敷設を遂げたるは、海内実に此の両毛線を以て嚆矢たり」[16]といわれる、いわば自生的に成立した産業鉄道であった。第1次鉄道ブームの口火を切った鉄道というだけでなく、その意味でも特色のある企業であった。

会社設立の中心人物であり、初代社長でもある田口卯吉は、この鉄道で両毛地域の織物を東京へ運ぶ便宜をはかろうと考え、地元の有力織物買継商、地方銀行家の協力を得て1888年に開業にこぎつけた。しかし予想外に利益があがらず配当、株価とも低迷したために、田口は辞任に追い込まれた。両毛鉄道は1890年恐慌以前に株金の払込みを完了しており、他の鉄道のような払込みの遅れによる工事の遅滞はなかったと考えられるが、それでも開業当初は満足でき

る営業成績は達成できなかったのである。

田口の辞任後3年ほどである程度利益があがるようになるが、1897年には日本鉄道に買収され同社は解散する。

・筑豊鉄道

筑豊地帯の各炭礦を連結し、若松港にいたる中規模鉄道である。この鉄道は石炭業者が共同で設立した産業鉄道であり、市場的要請が鉄道敷設を実現したという意味で、両毛鉄道とよく似た性格を持っている[17]。

しかし1890年恐慌による資金不足、災害による工事中止などがつづき、1889年に免許を下付されたものの、開業したのは2年後であった。同社は1897年九州鉄道に売却された。

・甲武鉄道

甲武鉄道の前身は、1886年に新宿～八王子間の免許を受けた甲武馬車鉄道である。同社は88年の私設鉄道条例により甲武鉄道として再度免許を受け、89年に開業する。この鉄道は日本鉄道の支線とみなされ、工事を鉄道局に依頼し、開業後も営業は日本鉄道が管理していた。これは甲武鉄道側の依頼によるもので、業務の独立自営は91年からである。

阪堺鉄道と同様の都市近郊路線である。

・大阪鉄道

大阪と奈良を結ぶ都市近郊の中規模鉄道である。当初、大阪天王寺と河内国分間を連絡する馬車鉄道として計画されていたが、1886年突如普通鉄道に計画が変更された。翌87年に敷設を願い出たが、比較的規模が大きいためか、準備不足を理由に却下された。88年に再度出願し、大阪の起点を幹線に接続することを条件に免許状を得た。

1889年に開業しているが、90年恐慌の影響もあまりなく営業状態は良好であった。そのため1900年に関西鉄道に売却されたときも、株主にとっては有利な条件であった[18]。

・総武鉄道

東京本所、佐倉、銚子、成東を連絡する中規模鉄道である。当初、東京と千

葉を結ぶ鉄道計画は2つあった。武総鉄道と総州鉄道である。両社は合併されないままに鉄道敷設の願書を出したが、千葉には「〔江戸川、利根川の―引用者、以下同じ〕水運ノ便アリ」[19]、さらには両者の路線が競合するという理由から却下された。そこで発起人達は2つの会社を統合し、利根川の水運を利用できない地域を開発するという理由で再度出願し、1889年免許を得た。

総武鉄道の開業はかなり遅れ1894年である。資本金が比較的大きいため開業までに長い期間を要したのであろうが、恐慌の影響による払込みの遅れもあったと思われる。しかし開業後は高収益をあげている。

・南海鉄道

大阪と和歌山を結ぶ中規模鉄道である。阪堺鉄道と連絡する堺〜和歌山間の鉄道敷設計画は1889年頃からあったが、いずれも実現しなかった。南海鉄道は1896年に免許を下付され、同年中に阪堺鉄道を合併、営業基盤をそのまま受け継いで1897年に開業している。

阪堺鉄道を合併する計画は早くからあったが、南海鉄道の設立でそれが実現したものである。南海鉄道は第2次鉄道ブームの中で設立された鉄道会社であるが、実態としては阪堺鉄道の延長であり、それゆえに同期に設立された鉄道企業の中では異例の高収益を実現している。

・南和鉄道

大阪鉄道高田駅と和歌山を結ぶ小規模鉄道である。大阪鉄道の計画廃止路線を、南和地方有志で建設しようとする運動があった。鉄道局は「斯カル短距離鉄道ノ永ク維持シ得ヘキヤヲ疑イタルモ」[20]、貨物が豊富であるという発起人一同の説明を容れ、政府が買収するときに「異議無ク応スル」ことを条件に免許状を与えた。開業は1896年であるが、政府の危惧したとおり、営業状況は思わしくないままに1904年関西鉄道に売却されている。

・阪鶴鉄道

大阪、兵庫県池田、京都府福知山をつなぐ中規模鉄道である。舞鶴港を中心とする鉄道は1889年頃から6つ計画されたが、あるものは申請を却下され、あるものは申請にまでいたらず、すべて失敗した。結局、1896年に阪鶴、京都の

両鉄道が免許を受けた。阪鶴鉄道は「大阪ヲ起点トシ……北向シテ舞鶴ニ出テ北海ト運輸ノ連絡」[20]をするという目的で開業した。しかし思惑ははずれ、営業状態はきわめて悪かった。

・西成鉄道

　大阪駅と大阪港を連絡する小規模鉄道である。大阪港築港にさいして資材運搬のため2つの鉄道会社が計画されたが、ともに申請は却下された。そこで両社は合同し、河口に倉庫を建造して貨物輸送を行うと同時に、旅客を大阪駅に運ぶことを目的として再度申請した。政府は、東海道線の支線として官設にすべきであるが、一応は私設に委ねることとし、1896年に免許を下付した。これが西成鉄道である。

　西成鉄道は、企業としては利潤はあげるものの、銀行の借入金に対する利子負担が大きく、一時は差し押さえを受けるという経営状況であった。第2次鉄道ブーム時に設立された鉄道企業の典型であったといえよう。

・中国鉄道

　岡山〜米子間を結ぶ中規模鉄道である。1896年に免許を得、98年に開業しているが、払込金の遅滞が続き営業状態はきわめて悪かった。営業不振のため、1899年に徹底した合理化、経費節減を行ったがそれでも経営状態が大きく改善されるということはなかった。

・徳島鉄道

　徳島〜川田間に敷設された小規模鉄道である。1897年に免許を下付され、翌年に開業している。ただし免許状には、将来他の鉄道と連絡があった場合には、官設、私設を問わず合併し、そのさいは建設費実費をもって政府、または合併企業に売り渡すという条件が付いていた。

3　紡績業

　紡績業の概要に移ろう。本章では紡績企業11社を対象としたが、その選択は資料的制約によるものである。

　紡績業は鉄道業とは異なり、純粋に民間の手によって成長してきた。政府支

援は直接的なものではなく、管理や統制は行われなかった。1878年殖産興業政策のもとに建設された官営二千錘紡績はほとんどが失敗したが、いわば「失敗の見本」を民間に提供したという意味で重要な意味を持った。技術、資金の両面において紡績業は民間活力の発露の象徴であった。

・大阪紡績

大阪紡績は日本で最初の近代的紡績会社である。渋沢栄一が華族や大倉喜八郎、藤田伝三郎といった実業家に出資を説い、1879年資本金25万円、錘数1万5000という当時としては圧倒的な規模で設立が計画された。翌80年に第1回の株主総会が開催され、計画は資本金56万円、錘数3万1220にまで拡大する。1883年に開業するや順調に営業成績を伸ばし、これ以降関西を中心に紡績会社が次々に設立されるようになる。自家発電の電燈設備による昼夜2交代制の24時間操業、蒸気機関の使用、太糸生産など、日本の近代紡績業の原型をつくった企業である。

・三重紡績

1886年三重県四日市に開業した大紡績会社である。二千錘紡績のひとつである川島工場を付属工場として買い取り、それをさらに規模拡大した。発起人の中心は三重県の大地主で酒造業も営む九鬼紋七である。のちに大阪紡績と合併し東洋紡績となる。

・鐘淵紡績

1886年に繰綿の売買を目的として東京商社が5人の綿花商によって設立されたが、綿花の売れ行きが悪いために、それを原料に用いる紡績会社が計画された。これが鐘淵紡績である。同社は1889年に開業したが営業成績は不良であり、解散しようとするところを三井が買い取った。三井は積極的に投資を行い、鐘紡は戦前期最大の紡績会社に成長する。

・尼崎紡績

兵庫県尼崎に1889年に設立され、1891年に開業している。中番手綿糸[21]の生産を中心に拡大を続け、1890年代後半には大規模紡績会社のひとつに数えられるようになる。

・摂津紡績

1889年設立、翌年に開業した。積極的に設備投資を行い、1897年頃にはトップクラスの紡績企業に成長した。尼崎紡績と同様、中番手綿糸の生産を手がけた。のちに尼崎紡績と合併し大日本紡績となる。

・福島紡績

1887年京都の八幡地方に設立された八幡紡績は89年に開業したものの、営業不振で全財産を有限会社日本繰綿に売却した。ところが日本繰綿も1892年に解散、同社の株主と債権者が改めて設立したのが伝法紡績会社、のちの福島紡績である。伝法紡績は同年に開業したが（93年に福島紡績に改称）、公金横領などもあり1900年代の前半は営業不振が続いた。

・岸和田紡績

岸和田紡績は1892年に設立され、94年に開業した。同社は泉州織物の原料を供給し、同時に地方婦女子に就業の機会を与えることを目的にしていたといわれる。営業成績は良好で、資本金も1905年には設立時の約5倍にまで拡大している。

・平野紡績

平野紡績は1887年大阪府平野に設立され、89年に開業した。平野郷の綿花を利用して紡績業を起こすのが設立の目的であった。株式払込みの遅れもあって開業が遅れたが、経営は順調であった。1902年摂津紡績に合併された。

・泉州紡績

薩摩藩旧堺紡績所が発展解消したのが泉州紡績である。設立は1889年、91年に開業した。当初は営業成績も悪くなかったが、1890年代末になると次第に悪化し、借入金の利子支払いも重んで、ついには運転資金にも欠乏するという状態になった。その結果、1903年岸和田紡績へ財産一切を売却し会社は解散した。

・日本紡績

日本紡績は日本ではじめて瓦斯糸生産を目的として設立された会社で、1896年に開業している。しかし瓦斯糸生産は「我国としては数年早すぎた」[22]といわれ、技術的な面でかなりの困難があった。それを反映して開業当初は営業

不振で、利益があがるようになるのに数年を要した。

第4節　株式投資収益率

1　インカム・ゲイン

　表3-1と表3-2は鉄道業と紡績業について、それぞれの配当率と配当利回りを示したものである。収益率が預金金利よりも低い場合には＊印、土地利回りより低い場合には•印が付してある。なお土地利回りについて、1888年から1890年の数値がわかっているが、それはこの表には反映されていない[23]。

・配当率

　まず配当率からみていこう。鉄道業の配当率は、多くの場合、開業から数年間は預金金利、土地利回りより低かった。まず大規模鉄道についてみると、日本鉄道は8％の利子補給がありながらも1885年までの配当率は決して高くない[24]。また山陽鉄道は開業してから6年間、九州鉄道は4年間、関西鉄道はほとんどの年度において、配当率は預金金利、土地利回りを下回っていた。第1次鉄道ブームに設立された他の中小鉄道のうち、讃岐、大阪、両毛の各社の配当率は、開業後4年間は預金金利より低いか、あるいは高い年度でも株式のリスクをカバーするほどではない。また、筑豊、総武の両鉄道は開業後2、3年で高配当を実現するが、これも設立時から数えればすでに数年を経過している。もちろん開業前に配当はなされないから、創業株主にとって状況は同じであったといえよう。例外は甲武鉄道と阪堺鉄道で、両社の配当率は設立、開業の翌年にはすでにかなりの高率に達していた。これは両鉄道が都市近郊という有利な立地条件、営業基盤を持っていたためであると思われる。とくに甲武鉄道は日本鉄道の支線として、開業当初から政府への工事委託、日本鉄道への営業委託がなされており、これが高収益に寄与し高配当をもたらしたのであろう。

　第2次鉄道ブームに設立された鉄道会社の配当率は、南海鉄道が金利を上回る配当をしていた以外はきわめて低かった。南海鉄道は阪堺鉄道の路線を引き

表 3-1 配当率と

年次	土地利回り (全国、田)	預金金利 (1年定期)	日本鉄道（利子補給除）				阪堺鉄道（南海鉄道）	
			配当率	利回り	配当率	利回り	配当率	利回り
1883		9.0	*6.2	—	*4.8	—		
1884		8.5	*7.2	*8.2	*5.4	*5.5		
1885	8.4	7.9	*•7.3	*•7.5	*•4.6	*•4.7	(設立)	
1886		6.8	8.6	*5.7	*5.7	*3.8	*•4.5	
1887		4.7	6.8	*3.8	5.0	*2.8	7.2	*4.9
1888		5.4	10.9	6.8	8.2	*•5.1	6.0	*3.9
1889		5.7	9.8	*5.0	6.0	*3.1	10.5	•6.9
1890	8.3	6.0	10.1	*•5.9	—	—	12.0	•8.0
1891		6.0	9.4	*6.0	*5.0	*3.2	11.0	8.0
1892	6.3	5.8	7.2	*•4.4	*4.3	*•2.7	12.4	8.0
1893		4.6	10.0	*4.5	6.6	*3.0	11.8	•5.9
1894		4.9	8.9	*4.5	6.5	*3.3	15.5	5.5
1895		5.7	9.2	*4.8	7.3	*3.8	17.0	8.8
1896		6.0	9.9	*4.5	8.2	*4.5	21.0	7.8
1897	5.8	6.1	8.8	*•4.3	7.6	*4.0	28.0 (1.9)	7.1 (1.3)
1898		6.9	*6.7	*4.9	*5.3	*3.9	30.5 (7.3)	8.1 (5.5)
1899	5.8	6.2	9.0	*6.1	8.0	*•5.5	7.9	*•5.2
1900	5.4	7.2	10.0	*7.0	9.3	*6.5	8.3	*6.9
1901		7.4	10.5	7.6	9.9	*7.2	7.9	*6.4
1902		6.7	10.5	7.1	9.7	*6.5	8.1	*6.0
1903	6.5	5.2	10.2	*6.5	9.6	*6.2	8.3	6.6
1904	5.9	5.1	10.0	6.6	9.6	6.4	6.8	6.1
1905	4.9	5.4	12.4	7.7	12.3	7.6	8.2	6.3

	両毛鉄道		讃岐鉄道		甲武鉄道		総武鉄道	
年次	配当率	利回り	配当率	利回り	配当率	利回り	配当率	利回り
1887	(設立)							
1888	*•2.0	*•2.4 (2)	(設立)		(設立)			
1889	*•4.4	*•4.6 (2)	*•3.8	*•4.1	*•5.2	*4.1 (2)	(設立)	
1890	—	—			•6.2	*•5.1 (2)		
1891	6.3	7.8	*4.1	7.0	6.6	6.3		
1892	7.0	6.6	*3.9	•5.8	8.2	*•5.6		
1893	8.0	4.9	5.8	5.8	9.5	*3.8		
1894	7.8	5.7	5.9	5.8	10.1	*4.4	*1.0	*0.8
1895	9.0	6.2	6.0	*4.5	9.0	*3.5	10.5	5.8
1896	7.3	*4.1	*5.1	*2.9	11.6	*3.7	9.2	*3.6
1897			9.4	*•5.6	11.8	*•4.6	13.3	*6.0
1898			10.0	*6.7	9.5	*4.5	12.0	*6.9
1899			10.4	*5.9	14.3	*•5.6	13.0	6.7
1900			11.0	7.8	14.3	*6.2	11.7	7.4
1901			10.0	8.2	12.8	*6.7	9.5	7.9
1902			10.0	7.8	13.2	*6.5	9.0	8.0
1903			9.9	7.5	12.5	*5.4	8.3	7.0
1904					10.0	*5.3	8.3	7.8
1905					9.0	*5.0	12.7	10.4

出所：『大阪朝日新聞』、『中外商業新報』、『帝国統計年鑑』、前掲『帝国鉄道要鑑第三版』、藤野・秋山、前掲書、前掲1966年）、前掲『東京株式取引所五十史』、前掲『日本証券市場成立史』。

注：(1) *印は預金金利以下、•印は土地利回り以下の数値、—は不明。
　　(2) 預金金利は1892年まで東京、以降大阪の数値。
　　(3) 甲武1889年、1890年の配当利回りは取引所における株価。
　　(4) 設立年度は免許下付年度、開業年度は配当率が最初に示されている年度。

第3章 鉄道業における株式投資収益率 87

配当利回り：鉄道

山陽鉄道		関西鉄道		九州鉄道		大阪鉄道		筑豊鉄道	
配当率	利回り	配当率	利回り	配当率	利回り	配当率	利回り	配当率	利回り
*●1.9	*●1.8	(設立)		(設立)		(設立)			
*2.7	*●2.6	*●0.0	*0.0	*5.1	*●4.2	*●2.3	*●2.3	(設立)	
●6.0	●7.5	*●4.5	*●6.6	●6.0	●6.7	*●6.0	●7.3		
*3.2	*3.9	*●2.8	*3.8	*5.0	*●5.5	*5.0	*5.3	*0.0	*0.0
*●3.7	*●4.1	*●1.8	*●2.3	*4.0	*●4.4	*●6.1	*●4.8	*●2.3	*●3.8
*4.4	*3.7	*4.0	*3.3	5.1	4.7	7.1	*4.1	6.1	5.0
5.8	5.4	*3.5	*3.2	6.5	6.8	7.0	5.1	9.8	*4.0
10.8	7.1	*3.3	*2.7	7.6	*5.4	9.0	*4.9	9.6	*5.4
6.7	*4.0	*2.9	*2.1	8.1	*5.4	10.6	*5.3		6.1
7.8	*5.9	*●4.4	*●3.7	7.7	*5.4	11.9	*6.3		
7.1	*6.3	*3.0	*3.1	*●6.6	*5.1	11.3	*6.4		
6.8	*●5.6	*●4.6	*●4.6	*●5.9	*●4.6	11.3	*●5.8		
*7.0	*●6.6	*●5.0	*●6.5	7.6	7.3				
*7.3	*6.9	*5.3	*6.9	7.8	7.7				
7.7	6.8	*5.5	*6.3	7.7	*6.7				
8.8	7.3	*6.0	7.2	7.9	6.8				
8.6	7.0	*●4.4	6.1	7.8	7.0				
10.0	6.8	6.0	6.9	8.7	6.9				

南和鉄道		阪鶴鉄道		西成鉄道		中国鉄道		徳島鉄道	
配当率	利回り	配当率	利回り	配当率	利回り	配当率	利回り	配当率	利回り
(設立)									
				(設立)					
*3.9	*3.2	*0.0 (設立)	*0.0			(設立)			
*●5.0	*6.0	*●3.0	*●3.9					(設立)	
*5.5	8.9	*2.7	*5.2	*0.8	*0.9	*1.2	*3.5	*0.0	
*6.5	6.9	*●3.0	*●4.2	*●2.1	*●2.0	*●2.3	*●5.6	*●5.0	*●5.7
*7.0	7.3	*●3.0	*●0.0	*●1.6	*●1.9	*1.0	*●3.9	*●4.5	*5.4
*5.9	8.0	*0.0	*●0.0	*0.0	*0.0	1.1	*7.1	*3.0	*5.6
*5.5	8.0	*1.0	*2.2	*●0.0	*●0.0	*1.5	*7.0	*●2.3	*4.8
*●5.0	8.0	*●2.0	*●4.7	*●0.0	*●0.0	*●1.8	8.5	*1.0	*●3.0
		*●1.5	*●2.7	*●0.0	*●0.0	*●2.1	10.3	*0.0	0.0
		*●3.1	5.0	*●1.6	*●2.1	*1.7	*5.9		

掲『日本産業金融史研究紡績金融篇』、前掲『明治大正国勢総覧』、梅村又次他著『長期経済統計9』（東洋経済新報社

表3-2 配当率と配当利回り:紡績

	大阪紡績		三重紡績		鐘淵紡績		尼崎紡績		摂津紡績	
年次	配当率	利回り	配当率	利回り	配当率	利回り	配当率	利回り	配当率	利回り
1883	*5.9	(開業)	—							
1884	15.0	—	—							
1885	*•5.5	—								
1886	12.3	—	*0.0	(開業)						
1887	27.3	11.2	6.0	—						
1888	18.9	8.2	9.1	—	*•0.0	(開業)				
1889	16.8	7.3	10.7	—	*•2.5	*•2.3				
1890	10.5	•7.4	*•3.6	—	*•0.0	*•0.0			*•0.0	(開業)	*•0.0
1891	9.5	8.8	9.0	—	*2.0	*5.3	6.2 (開業)	7.2	13.8	13.5
1892	12.0	10.1	16.5	12.4	8.0	9.9	15.6	11.7	18.9	11.8
1893	11.0	9.3	14.9	10.1	7.1	5.9	25.8	19.9	17.6	11.3
1894	12.0	11.0	11.6	8.6	6.1	6.4	21.3	17.6	20.0	13.4
1895	16.5	13.4	14.7	10.7	8.6	7.5	17.0	11.0	20.0	11.1
1896	15.0	12.3	18.4	10.3	10.0	7.5	13.9	9.9	20.0	10.7
1897	11.0	11.5	17.5		12.0	10.7	9.5	9.1	20.0	10.5
1898	*5.5	9.8	13.6	—	*5.0	*5.6	8.5	10.8	20.0	11.9
1899	12.5	15.7	15.8	10.3	10.4	10.9	15.0	10.5	25.0	10.3
1900	*•2.5	*•4.3	12.0	8.4	*•2.9	*•3.6	20.0	11.3	15.0	7.3
1901			12.8	11.0	*4.0	*5.6	20.0	11.3	20.0	11.4
1902			12.8	8.8	*3.5	*3.8	20.0	9.8	17.9	10.1
1903			12.0	8.4	7.5	9.8	20.0	9.2	16.0	9.1
1904			12.0	8.4	7.0	8.4	20.0	9.4	17.0	9.8

	福島紡績		平野紡績		岸和田紡績		堺紡績		泉州紡績	
年次	配当率	利回り	配当率	利回り	配当率	利回り	配当率	利回り	配当率	利回り
1892	(開業)		(1889年開業)						—	—
1893	*2.3	*2.3	10.0	5.3					16.0	10.9
1894	*1.6	*1.8	20.0	10.7	12.5 (開業)	11.3	7.5	(開業)	10.0	8.3
1895	13.0	12.2	20.0	8.2	20.0	13.4	15.5	—	11.0	8.5
1896	13.2	12.8	20.0	7.1	17.5	11.6	6.2	*5.3	15.0	13.6
1897	*•0.0	*•0.0	35.0	11.4	18.9	14.0	8.9	9.8	13.5	14.0
1898	*•0.0	*•0.0	25.0	10.5	19.3	16.3	*4.9	8.9	*•3.5	*•5.5
1899	9.0	13.0	18.0	9.3	22.0	14.2	10.7	12.3	*•3.6	*•4.6
1900	*•2.0	*•4.0	10.0	7.5	15.0	10.7	*•2.9	*•4.5	*•0.0	*•0.0
1901	*3.4	8.6	14.0	12.6	13.0	10.4	10.1	16.4	*0.0	*0.0
1902	7.0	12.5	16.0	12.3	13.5	10.4	7.5	11.1	*2.6	7.3
1903	7.4	13.3			16.0	11.0	10.9	14.7		
1904	6.9	10.5			18.0	10.6	7.9	9.5		

出所:表3-1に同じ。
 注:(1) 記号は表3-1に同じ。
  (2) 鐘淵紡績1891年、1896〜99年の配当利回りは東京株式取引所の株価で算出。
  (3) 1902年平野紡績は上期のみ。

継ぎ延長した鉄道で、この時期に設立された他の鉄道会社とは性格を異にしている。阪堺鉄道の高収益性を考えれば、南海鉄道が開業直後からある程度の配当率を維持し得たことは十分に理解できる。しかしながら、他の鉄道会社の配当率は通常なら株主の投資意欲を失なわしめるほどに低く、このことは第2次鉄道ブームに設立された中小規模鉄道の一般的傾向であった。

紡績業の配当率は鉄道業とは対照的で、ほとんどの紡績企業が開業翌年からかなりの高配当を実現していた。ただし鐘紡、福島紡、日本紡にかぎっては、開業後3、4年の間配当率は低迷し、その後に急激に上昇する。もっとも福島紡には開業直後莫大な公金横領があり[25]、日本紡は日本で最初の瓦斯糸生産会社として出発したという特殊な事情があった。

鉄道業の配当率と他の投資機会の収益率を比較すれば、その結果は明らかであろう。短期的にみるならば、創業株主にとって鉄道株への投資は、紡績株、あるいは土地に対する投資よりも不利であった。それのみならず、一応の安全資産であると考えられる預金金利と比較しても決して有利なものではなかった。

・配当利回り

配当利回りは1年単位で資産を選択する投資家の収益率である。

配当利回りについても配当率とほぼ同じことがいえる。紡績業の利回りは相当に高く、創業後に株式投資に参加した投資家にとっても魅力的な投資対象であったと思われる。それに対して鉄道業の配当利回りは低い数字を示している。ここで注目すべきことは、配当率が一定期間にわたって一貫して低いのに対し、配当利回りは預金金利、土地利回りよりも高い年が、断続的にではあるが現われてくることである。利回りが配当率を上回っている年度は、別のいい方をすれば株価が額面を割っているということである。

第1次鉄道ブームに設立された鉄道会社では、開業から1891年から92年頃までこのような現象が何度かみられる。また第2次鉄道ブームの鉄道会社においては、株価が額面割れしている年度のほうが多い。額面を割るような安い株価で株式を購入しそれを持ち続ければ、投資家の収益率はその安い株価をベースに評価されるから、創業株主の得る収益率よりも高い収益率を長期的に維持で

きることになる。つまり、低収益の株式に投資するリスクを考えなければ、投資家にとっては株の「買い時」ともいえるわけである。

鉄道業の配当利回りについて要約すれば、有利な投資機会は時期的にかなり限定されており、全体としてみると短期的な保有を目的として途中から株式取得に乗り出すことは決して有利ではなかったと判断できる。しかし逆にいえば、鉄道株投資に創業後に参加しようとする投資家にとっては、少ない機会をいかにとらえるかが問題であったということでもある。

2　キャピタル・ゲイン

・単年度利益回り r

前年度に対する利益回りである r から検討していく。r はインカム・ゲインの配当利回りに対応するキャピタル・ゲインの収益率である。

表3-3は鉄道業の r を示したものであるが。収益率 r の動きに規則性はなく、かなり変動が激しかったことがみてとれる。表には記載しなかったが、このような傾向は鉄道業だけでなく紡績業についても観察された。100ポイントを上回ることもあれば、数年にわたって収益がマイナスになることもある。株価に即していえば、ある年は上昇してもそれが継続したわけではなく、突然に株価が下落し、それが何年か続くこともあったということである。標準偏差については記載しなかったが、同一年度内においても収益率の変動が激しかったことが確認されている[26]。

一般に、安定的に成長している企業の株価は、年平均株価としてとらえるなら、コンスタントに上昇する傾向を持つといってよいだろう。しかし明治期の鉄道業と紡績業は必ずしも終始そのような経過をたどったわけではなかった。前年との比較利益回りである r は大きな収益を示すこともあれば、逆に大きなマイナスになることもある。したがって、1年、あるいは2年といった短い期間を単位として資産選択をする投資家にとって、キャピタル・ゲインを獲得するために投資をする対象としては、両産業ともかなり危険な投資先であったといえよう。

表3-3　単年度利益回り r：鉄道

年次	日本	九州	山陽	関西	阪堺	讃岐	甲武
1885	101.0						
1886	155.0						
1887	119.3				105.2		
1888	89.1				98.5		
1889	121.0				98.6		
1890	90.8	72.9	78.0	64.8	91.8	59.9	95.7
1891	88.7	101.1	102.8	106.4	112.4	103.2	86.9
1892	104.3	100.9	109.5	109.1	128.7	119.7	138.5
1893	136.3	119.0	133.3	149.5	142.8	139.8	173.7
1894	88.1	95.4	88.9	90.1	91.7	103.0	91.3
1895	97.4	136.1	144.0	116.9	103.0	131.4	111.7
1896	116.0	107.3	109.8	110.3	148.0	132.3	121.8
1897	85.1	94.5	78.1	86.7	95.6	96.3	80.9
1898	72.1	90.7	86.0	82.9		87.6	83.5
1899	107.9	98.9	108.5	101.8		117.6	120.8
1900	97.3	80.5	86.0	76.8		80.5	89.6
1901	95.5	99.2	100.2	97.7		86.8	83.4
1902	108.5	112.7	107.9	115.8		105.1	106.0
1903	104.9	99.7	105.2	95.4		102.3	113.8
1904	96.5	97.6	100.8	87.6			100.0

年次	総武	南和	阪鶴	中国	西成	徳島
1894	84.3					
1895	139.5					
1896	142.6	110.3				
1897	86.2	68.6	87.3			
1898	78.3	74.1	68.0	104.3	68.3	
1899	111.4	151.8	144.6	118.8	121.0	
1900	81.5	101.7	60.1	38.6	83.4	94.5
1901	77.2	77.8	64.3	99.4	67.9	64.3
1902	92.9	93.0	156.3	137.4	100.7	90.3
1903	104.3	90.7	94.2	100.0	110.8	69.8
1904	89.6		132.1	94.4	81.4	78.7

出所：表3-1に同じ。

しかしながら、ここでもすでにみた配当利回りと同じことを考えねばならない。つまり、株式投資の途中から参加する投資家も、投資のタイミングを誤らなければ、収益を獲得する可能性があるということである。投機にとってタイミングが重要なのは当然である、というより投機とはタイミングの選択そのも

のである。しかし投資は本来タイミングが問題となる性質のものではなく、概念的に区別するなら、純粋に経済的な判断によってなされるはずのものである。投資家は転売・買戻しはせず、現物株式を保有するのであるから、現在の株価がいかに低くても、将来において上昇するという経済的根拠がなければ株式を購入しない。逆に現在の株価がいかに高水準であろうと、将来それが上昇する根拠があると考えればその株を購入する。このような観点からも、明治期の鉄道株と紡績株の株価は短期的には安定的であったとはいえず、キャピタル・ゲインを目的として短期間保有するには危険な資産であったと結論してよいであろう。

　もちろん株価が額面を割っているときに株式を購入し、長期間保有していればキャピタル・ゲインを獲得する可能性もある。その意味では配当利回りと同様、収益を手にすることができるかどうかは、投資家がその機会をとらえられるか否かに、そしてそれ以上にその株式を保有し続けられるか否かにかかってくる。

・払込金に対する株式投資収益率 R

　表3-4、表3-5には鉄道業の払込金に対する株式投資収益率 R と標準偏差、表3-6には紡績業の R が示してある。R の値が100ポイントを上回っていれば株価は額面を超えているが、100に達していなければ額面を割っていることになる。標準偏差は企業によって大きく数値が異なるが、これは株価が額面を割り込んだ株式の場合、マイナスの収益率の絶対値が極端に大きくなるためである。したがってすでに述べたように、標準偏差については企業間での比較はしない。

　R は配当率と同じ傾向を持っている。まず紡績業からみると、日本紡績、福島紡績を除けば各社とも開業の1、2年後には収益率がかなり高くなっており、株価が額面を大きく上回っていたことがわかる。開業当初額面を大きく割っていた日本紡、福島紡の株価も、配当率が回復するとともに上昇傾向に向かう。その後の収益率の経過を追うと、三重紡績、尼崎紡績、摂津紡績、平野紡績、岸和田紡績は高株価を維持し続けるが、大阪紡績、鐘淵紡績、泉州紡績、福島

第3章 鉄道業における株式投資収益率

表3-4 払込金に対する株式投資収益率R：鉄道

会社名	日本			九州	山陽	関西	阪堺	両毛	大阪
	払込金(A)	株価(B)	B/A	B/A	B/A	B/A	B/A	B/A	B/A
年次	(円)	(円)	(%)	(%)	(%)	(%)	(%)	(%)	(%)
1884	34	32.9	96.8						
1885	40	39.1	97.8						
1886	44	66.7	151.6				146.7		
1887	46	83.2	180.9				154.4		
1888	50	80.6	161.2				152.1	80.9	112.8
1889	50	97.5	195.0	122.5	102.5	105.5	150.0	95.6	89.0
1890	50	88.5	177.0	89.3	80.0	68.4	137.7	91.0	81.6
1891	50	78.5	157.0	90.3	82.2	72.8	154.8	81.2	94.2
1892	50	81.9	163.8	91.1	90.0	79.4	199.2	105.4	125.0
1893	50	111.6	223.2	108.4	120.0	118.7	284.4	163.8	175.8
1894	50	98.3	196.6	103.4	106.7	107.0	260.8	136.0	136.8
1895	50	95.7	191.4	140.7	153.7	125.1	268.6	146.0	185.8
1896	50	111.0	222.0	151.0	168.7	138.0	397.4	179.2	198.0
1897	50	94.5	189.0	142.7	131.8	119.6	380.0		188.2
1898	50	68.1	136.2	129.4	113.4	99.2			175.2
1899	50	73.5	147.0	128.0	123.0	101.0			194.4
1900	50	71.5	143.0	103.0	105.8	77.6			
1901	50	68.3	136.6	102.2	106.0	75.8			
1902	50	74.1	148.2	115.2	114.4	87.8			
1903	50	77.7	155.4	114.8	120.4	83.8			
1904	50	75.0	150.0	112.0	121.4	73.4			

	讃岐	甲武	総武	南和	阪鶴	中国	西成	南海	徳島
	B/A	B/A	B/A	B/A	B/A	B/A	B/A	B/A	B/A
	(%)	(%)	(%)	(%)	(%)	(%)	(%)	(%)	(%)
1889	95.2	126.5							
1890	57.0	121.0							
1891	58.8	105.1							
1892	70.4	145.6							
1893	90.4	252.9	153.0						
1894	101.4	230.9	129.0						
1895	133.2	257.8	180.0	110.2					
1896	176.2	314.0	256.6	121.6	86.9				
1897	169.6	254.0	221.2	83.4	75.9	32.6	125.7	139.6	
1898	148.6	212.0	173.2	61.8	51.6	34.0	85.8	133.2	
1899	174.8	256.0	193.0	93.8	74.6	40.4	103.8	150.4	88.3
1900	140.8	229.3	157.2	95.4	44.8	15.6	86.6	119.6	83.4
1901	122.2	191.3	121.4	74.2	28.8	15.5	58.8	122.2	52.6
1902	128.4	202.7	112.8	69.0	45.0	21.3	59.2	134.2	48.4
1903	131.4	230.7	117.6	62.6	42.4	21.3	65.6	131.0	33.8
1904		230.7	105.4		56.0	20.1	53.4	110.2	26.6

出所：『大阪朝日新聞』、『中外商業新報』。

表3-5　収益率の標準偏差：鉄道

年次	日本	九州	山陽	関西	阪堺	讃岐	大阪
1884	10.20						
1885	13.07						
1886	8.12						
1887	3.55				1.70		
1888	4.67	37.13	18.64	27.29	2.01		18.00
1889	1.24	15.64	11.85	15.85	2.34	14.99	14.47
1890	2.51	8.31	6.98	11.48	0.75	11.29	8.43
1891	3.05	4.33	8.56	25.35	3.87	11.20	12.80
1892	3.89	4.48	8.53	5.72	6.31	22.07	10.09
1893	6.33	4.64	6.47	9.94	2.67	13.54	6.87
1894	3.08	8.44	10.08	10.81	3.09	12.10	7.56
1895	3.61	11.26	14.38	9.96	3.84	14.85	9.85
1896	2.24	3.01	7.14	6.92	3.75	6.67	4.31
1897	4.72	3.72	8.88	5.48	1.15	6.20	2.61
1898	5.90	2.68	5.96	6.48		6.57	2.72
1899	2.26	3.34	3.43	6.26		1.97	2.02
1900	1.63	3.45	2.82	5.49		3.36	
1901	1.75	7.69	3.50	9.77		3.39	
1902	1.78	3.65	4.87	7.27		6.01	
1903	1.01	4.16	3.32	10.22		4.76	
1904	2.58	3.03	2.31	3.84			

年次	甲武	総武	南和	阪鶴	中国	西成	南海
1892	13.30						
1893	6.22	14.16					
1894	4.67	10.71					
1895	5.64	17.42	15.65				
1896	6.20	4.71	8.06				
1897	2.57	3.32	22.28	44.13	68.14	8.22	7.35
1898	2.57	―	22.78	39.42	62.30	25.24	9.76
1899	2.04	―	7.26	10.57	31.22	16.74	4.29
1900	1.87	5.65	4.27	38.04	64.93	19.80	4.39
1901	3.87	8.59	12.65	53.86	122.02	21.71	5.11
1902	5.05	4.83	9.55	18.06	69.80	14.72	4.89
1903	2.23	2.37	10.63	19.95	46.96	10.36	6.13
1904	3.03	2.60		11.59	45.47	23.00	3.49

出所：『大阪朝日新聞』、『中外商業新報』。
注：―はデータ数が少ないため算出せず。

紡績、堺紡は明治30年代に入り収益率がマイナスに転落する。このことは紡績株が長期的には決して安定的な投資先ではなかったことを示している。

　鉄道各社は払込金に対する株式投資収益率Ｒについて、次のような3つのグループに分けられる。

第3章 鉄道業における株式投資収益率　95

表3-6　払込金に対する株式投資収益率R：紡績

企業名	大　阪			三重	鐘淵	尼崎	摂津
	払込金（A）	株価（B）	B／A	B／A	B／A	B／A	B／A
年次	（円）	（円）	（％）	（％）	（％）	（％）	（％）
1886	100	323.7	323.7				
1887	100	243.3	243.3				
1888	100	231.4	231.4				
1889	100	229.2	229.2	114.5			
1890	100	141.8	141.8	―	67.4		
1891	100	108.0	108.0	97.0	38.3		102.5
1892	100	119.3	119.3	133.0	80.6	133.6	159.6
1893	50	59.3	118.4	148.3	121.0	129.6	156.0
1894	50	54.3	108.6	135.2	101.8	121.2	149.0
1895	50	61.7	123.4	137.6	118.0	154.8	179.6
1896	50	61.0	122.0	178.0	132.9	141.2	186.6
1897	50	47.7	95.4	―	112.2	102.4	190.0
1898	50	28.1	46.2	―	89.5	78.8	168.4
1899	50	39.8	79.6	154.0	95.8	143.2	244.0
1900	50	29.1	48.2	143.5	80.8	176.4	206.4
1901				116.2	71.1	176.7	175.6
1902				144.8	81.1	203.2	177.4
1903				141.8	76.8	217.2	175.0
1904				143.5	83.6	213.6	173.2

企業名	平野	泉州	岸和田	福島	日本	堺
	B／A	B／A	B／A	B／A	B／A	B／A
年次	（％）	（％）	（％）	（％）	（％）	（％）
1891	100.3					
1892	158.3	150.3				
1893	188.2	147.0				
1894	187.6	120.2	110.6	88.4		
1895	243.9	128.8	149.2	106.7	138.4	
1896	282.8	110.1	151.3	103.3	111.0	117.3
1897	307.9	96.1	134.4	59.3	55.9	90.7
1898	238.0	63.7	118.4	38.1	50.6	54.0
1899	194.3	78.3	154.5	69.5	126.9	87.4
1900	134.2	44.5	139.7	50.0	121.8	63.8
1901	110.8	36.3	125.0	39.6	111.0	61.3
1902	130.4	35.2	130.0	56.1	132.0	67.9
1903			146.0	55.5		73.8
1904			168.8	66.3		83.0

出所：『大阪朝日新聞』、『中外商業新報』。
注：(1) ―は不明。
　　(2) 大阪1886年は1～3月、データ数6。1901年以降は優先株発行のため、算出せず。
　　(3) 三重1893年、1896年は東京株式取引所の株価で算出。1891～95年は当該年度場外12～3月の場外株価。
　　(4) 鐘淵1889～99年は東京株式取引所の株価で算出。
　　(5) 堺1896年は当該年度5～3月。

・阪堺(南海)、甲武、

　この2社のRは開業後1、2年で高水準に達する[27]。表3-5をみると、標準偏差も小さく安定的で、株価があまり変動しなかったことを示している。

・日本、関西、山陽、九州、両毛、大阪、讃岐、総武

　第1次鉄道ブームに設立されたこれらの鉄道会社は、開業後数年間は収益率がマイナスあるいは0であるが、次第にプラスに転じていく。そして一度プラスになるとほとんどの場合それを維持し続け、それにつれて標準偏差も小さくなり収益率が安定的になってくる。関西鉄道株は明治30年代に収益率が悪化し、株価が額面を割るが、収益率自体は他の大規模鉄道と同じ動きを示している。

　日本鉄道、総武鉄道は設立から開業までにそれぞれ3年、5年を費やしており、その間の株価は不明であるが、このグループに分類するのが適当であろう。というのは、開業前にも株式売買はなされており株価も形成されていたはずであるが、無配当であることを考えると、設立から開業までの期間中株主に有利であるような株価が形成されていたとは考えにくいからである。

・南和、阪鶴、中国、西成、徳島

　これら第2次鉄道ブームに設立された中小の鉄道会社の株式は例外なく株価が額面を割り、収益率Rは大きなマイナスを示している。

　紡績業と鉄道業を比較してみよう。第1次鉄道ブームに設立された鉄道会社に対する株式投資は、短期的にみるかぎり紡績株投資より不利であった。しかし長期的にみるならば鉄道株は紡績株よりも収益率が安定している。鉄道株は一度収益率がプラスになると、ほとんどの企業がそれを維持し、収益率の変動も小さくなってくる。一方紡績株は高い収益率を持続する企業もあるが、株価が額面を割って収益率がマイナスに転落する企業も少なくなく、その意味で長期的には鉄道株ほど安定的ではない。第2次鉄道ブームに設立された鉄道会社が投資対象として圧倒的に不利であったことはいうまでもないであろう。

　多くの場合、鉄道株は創業株主にとって短期的には不利な投資対象であった。株価が額面を下回っていたのであるから損失は明らかである。第1次鉄道ブームの鉄道会社に投資した創業株主が収益を実現するには、設立、開業から数年

間はその株式を保有し続ける必要があった。第2次鉄道ブームの鉄道会社の創業株主が置かれた状況は一層深刻で、鉄道国有化まで株価が額面を上回ることはほとんどなかった。彼らには国有化を待つ以外に損失を回復する手段はなかったのである。

第5節　投資動機

　収益率からみるかぎり、鉄道業は決して有利な投資先ではなかった。しかし事実として膨大な資金が民間の側から投資されている。何ゆえにこのような投資が行われたのであろうか。

　鉄道業への投資動機を検討するさいには、第1次鉄道ブームにおける投資と、第2次鉄道ブームのそれとを分けて考える必要がある。なぜなら第2次鉄道ブーム時にはすでに先発企業が数多く存在していたのに対し、第1次鉄道ブーム時には純粋な意味での先発民間鉄道企業、すなわち政府から援助を受けていない私設鉄道はないに等しかったからである[28]。第2次鉄道ブームに設立された鉄道会社はすべて中小規模鉄道であったが、個々の会社の創業株主の構成は中央在住資本家中心型と地元企業家中心型とがあったと思われる[29]。前者の場合、第1次鉄道ブームに設立された会社の高株価が投資の誘因となったということは十分に考えられるし、後者の場合は自己の企業の便益をはかるために投資を行ったともいえるであろう。

　しかしながら、日本の幹線鉄道の形成という点においても、また民間から流れ込んだ資金量という点においても、第1次鉄道ブームは第2次鉄道ブームよりはるかに重要な意味を持った[30]。そこでここでは第1次鉄道ブーム時になされた投資を問題としよう。

　投資の経済的要因としては最も単純な――しかし最も強力な――収益率という観点から第一に考えられるのは、鉄道株の期待収益率がかなり高いものと予想されていたのではないかということである。そのさい投資家の期待収益率を決定する大きな要素は、開業後すでに10数年を経ている官設鉄道の収益率であ

表3-7 官設鉄道利潤率

年度	利潤率（％）
1877	*3.6
1878	*4.3
1879	*6.2
1880	*7.4
1881	*7.8
1882	*6.6
1883	*6.5
1884	*4.8
1885	*•4.4
1886	*3.2
1887	―
1888	*•0.4

出所：表3-1に同じ。
注：(1)「*」および「•」印は表3-1に同じ。
　　(2)「―」は不明。

ろう。表3-7は官設鉄道の建設費総額に対する利潤率を示したものである。後年に設立された私設鉄道は払込資本金で建設費のほとんどを賄っていたから、官設鉄道の建設費総額を払込資本金とみなし、利潤のすべてを配当に充当したと仮定すれば、この利潤率は官設鉄道の計算上の最大「配当率」と考えられる。表から明らかなように、この配当率は決して高くない。

　同じことは1881年に設立された日本鉄道についてもいえる。利子補給を除くと、1892年までの日本鉄道の配当率は他の投資機会による収益率よりも低かった（表3-1）。仮に利子補給がなかったとすれば、日本鉄道株の収益率はインカム・ゲイン、キャピタル・ゲインとも相当程度低下していたであろう。日本鉄道株は開業後10年間に関するかぎり、政府の利子補給を得てはじめて投資対象としての価値を持ったのである。

　それでは、他の鉄道会社の創業株主は政府援助をあてにしていたのであろうか。現実に多くの鉄道企業が政府保護を申請し、結局明治20年代半ばまでに開業した鉄道会社11社のうち、9社までが何らかの形で助成を受けている[31]。しかし日本鉄道に比較すれば、他の鉄道会社が受けた援助はわずかであった。本章で対象とした鉄道企業の中では、九州鉄道が開業までの1年間4％の利子補給を受けたのが最大で、それも開業後には敷設距離に応じてわずかな助成金を給付されたにすぎない。線路敷地に対する免税は多くの会社で認められたが、これは直接利潤を生み出す性質のものではない。

　日本鉄道以外の会社に対する政府援助のこのような手薄さは、創業株主にとって予想外の事態だったのであろうか。1886年福岡県令の九州鉄道設立上申について内閣は鉄道局長官に意見を求めているが、その時の回答は次のようなものであった。

「日本鉄道ノ如キハ其名ハ民設ナレトモ其実殆ト官設ニ異ナルコト無ク当初政府特別ノ勧奨ニテ創立セラレ建築其他悉ク本局ニテ負担セシハ畢克已ムヲ得サル情勢ノ結果ナレハ今後民設許可アリトモ之ヲ以テ例トナスヘカラス……故ニ民設鉄道許可アルトモ本局ニ於テハ之カ為ニ一管ノ力ヲモ貸スコト能ハサルヲ以テ予メ此事具申シ置クモノナリ」

この答申を受け内閣は同年中に福岡県令に次のような指令を出している。

「九州鉄道民設ノ儀ハ調査ヲ遂ケ不都合無之ニ於テハ許可スヘシ但シ利息補償ノ儀ハ願出ツルト雖モ聞キ届ケサルノ儀ト心得ヨ」[32]

九州鉄道に免許が下付されたのは1888年である。政府援助の可能性は決して確実なものではなかったのである[33]。

九州鉄道のみならず同じような事情は山陽鉄道にもあった。1887年山陽鉄道の政府保護申請に対し、鉄道局は「願書中ニ政府ニ於テ管理トアルハ敷設工事ヲ政府ニ委託スルノ意ナルヘキモ目下本局ニテハ此委託ヲ引受クルノ余力ナシ」と答申した。それを受け、政府は山陽鉄道に対して「前条延線ヲ負担スルコト能ワス」と指令し、結局買上げのさいの保証をするにとどまったのである。

このように大規模鉄道でさえも政府援助の獲得はまったく不確実な情勢であった。ましてや中小規模鉄道においては政府援助供与の可能性は一層薄かったといえよう。確かに政府の保護はあったが、それは車両、設備の払下げ、土地の免税といった間接的なものが中心で、企業それ自体としてはともかく、株主の収益に大きな貢献をしたとは思われない。官設鉄道の「配当率」、日本鉄道の利子補給を除いたときに予測される配当率からみて、株主の収益に対する直接的な保護がなかったならば、少なくとも短期的には、創業株主の収益率がかなり低いものにならざるを得ないことはほぼ明らかであった。また同時に彼らもそれを認識し得る状況にあったと考えられる[34]。

長期的な利潤に対する期待についても同様である。さきにみた官設鉄道の利潤率は開業後すでに10年以上を経過した時点での収益率である。また日本鉄道も第1次鉄道ブーム時には設立されてから7年を経過している。確かに第1次鉄道ブームに設立された鉄道会社に投資した創業株主の収益率は、長期的にみればかなり高くかつ安定的になっている。しかしそれは結果としてそうなったにすぎない。期待収益率という客観的な条件だけから判断するなら、創業株主が長期的には利潤を得られるであろうという予想を裏付けるような材料はほとんどなかったといえる(35)。

　経済的要因の幅をもう少し広げて検討しよう。鉄道業はその性格上、地域的、経済的に多くの関連産業を持つ。それゆえ、第2次鉄道ブームの会社にみられたように、自己の企業の利益をはかるために企業家が鉄道の敷設、あるいは経営権の掌握を目的として多額の投資をしたとも考えられる。実際に第1次鉄道ブーム時にも地方の小規模鉄道会社の設立にはこのような事例がいくつかみられた(36)。しかしその時でも地元企業家の投資額が圧倒的な比率を占めていたわけではない。多くの場合、とくに大規模鉄道においては、関連産業を持っていたと思われる大株主でも設立当初からその株式占有率はさほど高くなく（次節参照）、株式の大半は常に関連産業とは無縁であるような一般の中小株主が保有していた。彼ら中小株主には、企業規模から期待される鉄道株の安全性が投資誘因として強く働き、それが創業期におけるリスクに対する危惧を打ち消したのかもしれない。

　しかしながら本来株式はキャピタル・ロスというリスクを常に伴っている。そして手厚い政府保護の下にあった日本鉄道でさえも、創業期のリスクは短期間ながらキャピタル・ロスの形で顕在化している。そのうえ、インカム・ゲインにおいても鉄道株の収益率は預金金利より有利であるとはいえなかった。当時の銀行が必ずしも鉄道会社より企業として安定していたわけではないが、キャピタル・ロスというリスクも考え合わせると、中小株主が鉄道株を資産として選択した理由を安全性だけに求めることはできないであろう。

　投資の経済外的要因についても若干述べておこう。第一にあげられるのは、

設立時の日本鉄道等にみられる株式払込金の強制出資であるが、現在のところその具体的数量は明らかではない⁽³⁷⁾。問題は鉄道株に投下された膨大な資金がそれによってどの程度まで説明できるのかということであるが、いずれにせよ強制出資による資金量が確定されないかぎり結論は出ない。

むしろより重要と思われるのは国有化に対する期待である。政府は鉄道敷設を許可するにさいして、ほぼ例外なく将来における買上げ、国有化を条件としていた。政府が当初から鉄道官設の方針を持っていたかどうかはともかく、鉄道会社のほとんどが遠からず国有化される可能性があるということは、当時政府、民間に共通した認識であった⁽³⁸⁾。大規模鉄道の国有化の条件はかなり有利なものであったし、中小規模鉄道においても国有化によって少なくとも資本金程度は回収できた。しかしいずれ国有化されるとしても、その時期は明確ではなかった。したがって株主が国有化によって収益を得るには、彼らがそれまで株式保有を維持し得ることが条件であった。

当然ながら国有化それ自体は積極的な投資動機にはなり得ない。それではいかなる要因が働いたのであろうか。現在のところ手がかりとなる詳細な株主構成は不明であるから推測にたよらざるを得ないが、投資動機はおそらく純粋に経済的な要因だけでは説明しきれないであろう。投資を短期的に考える時、合理的な意思決定の最大の要因は期待収益率である。しかし長期的に考えるならば、期待収益率という客観的な条件のみならず、投資家自身の将来に対する主観的な経済展望も意思決定に強く影響する。そしてその展望が客観的であれ主観的であれ何らかの合理性を持っているならば、その展望の下に投資を行うことも、次元は異なるがこれも合理的な意思決定であるといえる。

明治10年代末から20年代にかけての数年間は、松方デフレが一段落し経済が安定から発展へ向かいつつある時期であった。さらにいえば、さまざまな近代産業がその発展の緒につき、まさに企業勃興期に突入せんとする時期であった。そのような社会状況を背景に、中小の無名ともいえる資産家が近代産業社会を日本の将来像として予感し得たであろうことは十分に考えられる。またその一方で、産業化によってもたらされる経済的な側面における近代化を、彼らの意

識の中でより上位の価値として位置づけるような何らかの内的メカニズムが、社会的規模で機能していたのではないだろうか。そのメカニズムが何であるかはわからない。しかし、もしこのように社会的状況を背景とした経済展望と内的な価値が一致したとするならば、投資対象の短期的な収益性よりは長期的な判断が優先されるであろう。そのとき、当時の代表的な近代産業であった鉄道業が恰好の投資対象として選択されたことは自然の成り行きであったはずである。

　もちろん仮説にすぎない。その当否はともかく、何ゆえに投資が行われたのかという問題は依然として残っているのであり、それは経済史の問題であると同時に思想史の問題でもあると考える。

注
（1）　村上、前掲論文、87頁。
（2）　同上論文、93頁。
（3）　「この問題に関しては以下のような理論的結果が得られている。すなわち、株主が合理的で、市場が完全に競争的であるなら、配当政策は株価に中立的である」紺谷典子「産業別株式投資収益率の計測」『計測室テクニカルペーパー』第33号（1974年）19頁。
（4）　収益率は会計年度単位で計算している。鉄道業については1～12月と4～3月年度があるが、途中で会計年度を変更している企業もある。そのさいは1会計年度が必ずしも12カ月とはかぎらず、したがって平均株価、利益廻り収益率のデータ数も異なってくる。鉄道業の会計年度は以下の通りである。これは『帝国統計年鑑』によっている。
　　　　1～12月：日本（1892年以降）、関西（1893年1月～1900年3月）、西成、総武、上記以外は4月～3月。
　　　　紡績業の会計年度は配当落ちを期末として決定したが、分析対象すべての紡績企業が4～3月であった。なお配当落ち月は『大阪朝日新聞物価表』によっている。
（5）　例をあげれば、関西鉄道1888年6月の株価は払込金1円に対し株価は8円、同年12月は払込金25円に対し株価は26.9円であった。
（6）　株主が追加払込みに応じないとき、企業側は新聞等に広告を出して払込みを督

(7) 〔例1〕をこの方法で修正すると年平均株価は37.9円となり、払込金比例による修正値37.6円とほぼ変わらない数値が得られる。
(8) 例えば丸淳子・蝋山昌一「株式市場における収益と危険」『計測室テクニカルペーパー』第29号（1974年）を参照のこと。
(9) XR＝（t年i月の株価－t年i月の払込金）÷t年i月の株価×100
　　Xr＝|t年i月の株価－（t年－1）年i月株価|÷t年i月の株価×100
　　収益率XRは払込金に対する指数の形はとっていないが、収益率の正負、相対的増減は指数と同じである。Xrについても同様である。どちらの収益率も指数の形はとらず、売却したときの金額に対する利益率を表わしている。キャピタル・ゲインを他のインカム・ゲインと比較はできないからどちらの方法でも大きな相違はなく、R、rの標準偏差と基本的に同じである。
(10) 本書で対象とした期間を通じて配当は無税、一般所得税も1％から5％で株式投資収益率への影響は無視できる。税務経済新聞社編集部『税のあゆみ』（税務経済新聞社）1957年、60～63頁。
(11) 中村政則『近代日本地主制史研究』（東京大学出版会、1979年）49頁。
(12) 以下の叙述は、鉄道業については工学会、啓明会著『明治工業史　鉄道編』（工学会明治工業史発行所、1929年）および、鉄道省『日本鉄道史　上篇、中篇』（1921年）紡績業ついては絹川太一『本邦綿糸紡績史』第3～6巻（日本綿業倶楽部、1944年）および前掲『日本産業金融史研究　紡績金融篇』による。
(13) 中西健一『日本私有鉄道史研究』（ミネルヴァ書房、1979年）13頁。
(14) 杉山和雄「企業の財務投資活動と文化的背景」『経営史学』第10巻第1号、（1975年）68頁。
(15) 前掲『明治工業史　鉄道編』435頁。
(16) 石井常雄「両毛鉄道における株主とその系譜」『明大商学論叢』第41巻第9、10号（1958年）129頁。
(17) 鉄道局の見解もそれを裏付けている。すなわち「出願ノ線路ハ石炭輸送ノ目的ニシテ……〔発起株金—引用者、以下同じ〕ヲ引キ受クベキ発起者概ネ煤炭地方ノ人民ニシテ要スルニ炭礦営業者日々其売品ヲ輸出スルノ便ヲ開カンカ為起業スルモノニシテ」（前掲『日本鉄道史　上篇』89頁）。
(18) 関西鉄道と大阪鉄道の合併は、大阪鉄道株1株に対し関西鉄道株2株に14円を加えることで決着している。田健治郎伝記編纂会『田健治郎伝』（1932年）112頁。
(19) 前掲『日本鉄道史　上篇』898頁。

(20) 同上書、484頁。
(21) 糸の太さを表わす単位が番手で、明確な区別はないがおおよそ16番手から20番手ぐらいが太糸、30番から40番手で中糸、80番以上は細糸、130番手を超えると上級品細糸といってよいであろう。
(22) 絹川、前掲書、第4巻、57頁。瓦斯糸とは綿糸の毛羽を瓦斯の炎で焼き光沢を出した糸である。
(23) 『農事調査』によれば1888年から1890年の土地利回りは全国10.1％、大阪9.0％、兵庫12.4％であり、いずれも表中の土地利回りよりも高い。長幸男・正田健一郎監修『明治中期産業運動資料』(日本経済評論社、1980年)所収。
(24) 日本鉄道の利子補給は全線に対して行われたわけではない。1884年、85年に配当率が8％を切っているのは援助対象になっていない路線を建設中であったためと思われる。
(25) 杉山和雄「紡績会社の資金調達」山口、前掲書、622頁。
(26) 拙稿、前掲、57頁。
(27) 南海鉄道は阪堺鉄道の路線を引き継いだ鉄道会社であるため、阪堺鉄道の後継会社とした。
(28) 阪堺鉄道は1885年に開業しているが、きわめて小規模なうえに典型的な旅客中心の都市近郊路線であるという特異性を持っていた。
(29) 老川慶喜「産業資本確立期における市場構造と鉄道建設」『社会経済史学』第45巻第1号(1979年)。
(30) 1905年度の時点で私設鉄道払込資本金総額に占める比率は日本鉄道22.6％、第1次鉄道ブームに設立された会社58.5％(9社)、第2次鉄道ブームに設立された会社18.9％(27社)である。
(31) 杉山、前掲論文(1975年)、58頁。
(32) 前掲『日本鉄道史 上篇』845頁。
(33) 政府の利子保証に対する期待については反対の見解も示されている。中村尚史『日本鉄道業の形成』(日本経済評論社、1998年)359〜360頁。
(34) 本章で配当金、払込資本金、利子補給額の資料に用いた『帝国統計年鑑』は当該年度の約1年半後には刊行されていた。
(35) 山陽鉄道では設立前に鉄道敷設予定地における通行人を数えているが、通行人の出発地と目的地を考慮したものではなく市場調査としては意味がない。
(36) 両毛鉄道、筑豊鉄道がその例としてあげられる。石井、前掲論文、前掲『日本鉄道史 上篇』871頁、野田、前掲書、86頁。
(37) 野田、前掲書、54頁。

(38) 同上書、289頁。

第4章　株主と株式移動

第1節　株主の全体像

　本章では明治期の株主について検討する。株主が資産として株式を選択するのは、より高い収益が見込まれる投資対象として株式を選択したからにほかならないが、それはリスクとの見合いのなかで決定される。明治期におけるすべての株式投資が収益を生み出したわけではなく、リスクが損失として顕在化した場合も少なくなかった。そのさい保有株式を手放すか、保有し続けるかは投資家にとって最も重要な判断となる。その意味で、株式を手放すことによって生じる株式移動を検討することは、明治期における株主の実態を理解するうえで重要な手がかりを与えてくれるであろう。しかしまずは明治期の株主の全体像を、先行研究に依拠しながら概観することから始めよう。

　明治期の株主層は大別すれば、華族、地主、財閥を含む商工業者の3つに分類されると考えてよいであろう。このなかでは、少数の巨大株主を頂点とし、多数の零細な株主を底辺とするピラミッドが形成されており、底辺においては銀行預金と株式が資産選択のさいに競合するような状況にあったと思われる。1899年の『時事新報』の調査によれば、所有株式時価50万円以上の大株主99名、延べ人数994名は、1898年末の株主総数延べ人数の0.15％にすぎないが、その所有株式総額は全国の会社企業払込金総額の4分の1を占めている[1]。もっとも逆にいえば、それ以外の株式資金はそれ以下の中小規模の株主層から調達されたのであり、そのような階層の出資こそが明治期における株式会社制度の普及を可能にしたともいえる。

　華族層の株式投資は大株主の中だけでみると莫大な数字を示している。前出の調査によれば、華族の出資総額は巨大株主に分類された株主の総出資額の半分以上を占め、人数は3分の1に達する。単純に計算すれば、上層華族の出資は全会社企業払込金の8分の1に当たることになるが、それは全華族の出資総額とあまり変らないと考えてよい。というのは華族そのものの数が少ないうえに、中・下層の華族が大株主化したとは考えにくいからである[2]。華族が株

式投資に果した役割は出資額全体からみれば過大には評価はできない。むしろ、少数の上層華族が集中した形で保有していた、したがって運用しやすい状態にあった資産がどの分野に投資されたかを考えるほうが実態を理解するうえで有意義であろう。

　地主層は華族とちがって数が多く、全体的な傾向をつかむことは困難である。ここでは新潟県の調査について若干ふれておこう。新潟で地主の株式投資が活発になったのは、明治10年代から20年代にかけてである。その時期に設立された国立銀行の出資者は大部分が地主であり、その後の北越鉄道設立（1897年開業）にさいしても、県下全域の地主層がさまざまな規模で株式投資を行っていた[3]。しかし明治30年代になると、商人層の投資が次第に多くなり、新潟市、長岡町という両都市部の株式保有者だけで人数、額面とも全県の3分の1を占めるようになってくる[4]。『時事新報』の調査では、新潟県で巨大株主としてリストアップされている地主は2名だけである。彼らは一応地主ではあるが決して県内屈指の大地主というわけではなく、むしろ中規模の地主であった。保有株式総額と所有地価額は比例的ではなく、1000町歩以上の地主でも株式を保有していないものもあり、また保有していたとしても、資産としては地価の10分の1程度、つまり1000町歩地主で平年小作料と一致する程度にとどまっていた[5]。それとは逆に商人層は土地保有に対して消極的で、地主の株式投資を補填する形で（あるいは排除する形で）積極的に株式投資を行っていた。

　株式を保有している商工業者はピラミッド型を示している。大阪、京都、名古屋の3市についてみると、1900年には保有有価証券1000円未満の零細株主層が全所有者の約半数を占めているが、株式公債時価総額では全体の2.3%にすぎない。逆からみると、5000円以上所有者は人数では全体の19%であるが、株式公債は91%を保有している[6]。このような株式所有の中核となる層はおおよそ会社、銀行員、貸金業、仲買人、商人に分類される。

　明治期の株主を全体としてみれば以上のように俯瞰できるが、個々の株主はそれぞれが置かれた状況のなかで意思決定をしたわけで、株式移動の大きな流れはその集合体として生まれる。次節以降では鉄道企業について個別に株式移

動を検討していこう。

第2節　鉄道企業の株式移動

1　日本鉄道

　表4-1は日本鉄道の主だった創業株主と株式移動を示したものである。1881年の発起人出資額は出資予定額であるが、それでも日本鉄道が「華族鉄道」といわれた所以はよく表わされている。華族の出資は発起人引受けの45％、260万円であるが、実際上は第十五銀行が最大出資者であり、池田彰政等の関係者の出資額は130万円になる。また、徳大寺実則などの出資には天皇家のものが含まれており、華族の個人出資額は発起人引受額の12％程度であった[7]。もっとも第十五国立銀行の出資者はすべて華族であったから、日本鉄道の「華族鉄道」たる性格が変わるわけではない。　第十五国立銀行に次ぐ出資者は三菱である。三菱は日本鉄道設立に積極的に参加し、小野義真を送り岩崎兄弟ほか合計45万円を出資している。その他、発起人には地方官僚、鉄道通過予定地の住人が含まれていた。

　設立発起人の引受け総額は資本金の30％程度であり、そのうえ払込みは6年間の分割払込みであったから、建設工事が始まるやいなやすぐさま資金不足に陥った。そのため一般株主の募集をする必要が生じ、路線を延長しながら沿線で株式募集を行わねばならなかった。日本鉄道は政府から8％の利子補給を与えられていたが、それでも募集は難航し、ときには半ば強制的に株金を徴収したこともあったようである。このようにして募集された地方株主には、証拠金を放棄したり、株を安値で売り渡したものがかなりあったと思われるが、それらは大株主の手に集中された[8]。日本鉄道の株式募集が順調に進むようになったのは1885年以降である。

　日本鉄道の創業株主には地方の小株主も数の上では相当数存在していたと思われるが、資金的な中心は何といっても華族と三菱であった。両者の出資合計

表 4-1　日本鉄道の株主構成

1881年			1886年			1898年			1902年		
主要発起人		出資額（額面）	株主	出資額（額面）	(%)	株主	出資額（額面）	(%)	株主	株数（枚）	(%)
池田彰政	華族	550,000	岩崎久弥	437,250	3.7	十五銀行	9,723,900	14.7	十五銀行	303,773	23.0
徳大寺実則	在官	351,650	池田彰政	355,000	3.0	岩崎久弥	1,990,850	3.0	内蔵頭	24,422	1.9
岩崎弥太郎	三菱	300,000	細川護久	320,000	2.7	岩村通俊	1,124,600	1.7	岩崎久弥	22,982	1.7
毛利元徳	華族	200,000	毛利元徳	320,000	2.7	前田利嗣	898,900	1.4	浅野長勲	17,947	1.4
細川護久	華族	198,000	藤堂高潔	253,500	2.1	浅野長勲	897,350	1.4	尚直	16,961	1.3
藤堂高潔	華族	166,750	松浦詮	250,500	2.1	徳川茂函	771,200	1.2	前田利為	12,331	0.9
松浦詮	華族	165,000	内蔵頭	240,000	2.0	三井銀行	729,550	1.1	三井銀行	11,292	0.9
大谷光勝	華族	100,000	与那原良潔	208,000	1.8	島津珍彦	697,350	1.1	岩崎弥之助	10,500	0.8
大谷光尊	華族	100,000	柏村信	180,000	1.5	徳川義礼	531,300	0.8	徳川義礼	10,076	0.8
前田利嗣	華族	100,000	前田利嗣	180,000	1.5	鍋島直大	511,500	0.8	島津忠重	8,583	0.7
			公称資本金	11,829,500		公称資本金	66,000,000		総株数	1,320,000	

出所：星野誉夫「日本鉄道会社と第十五国立銀行 (2)」『武蔵大学論集』第19巻第1号1971年、杉山、前掲論文（1977年）、付表、『鉄道局年報』各年次。

額は設立時払込資本金の約半分に達していた(9)。表4-1に掲げられている大株主も、三井、三菱を除けば、すべて華族か第十五国立銀行の関係者である。それでは、彼らが創業期のリスクを負担したのであろうか。そうではないであろう。日本鉄道の場合、政府の利子補給は創業株主にとって決定的に有利な材料であり、日本鉄道株はほとんど安全資産ともいえる確実性を持っていた。株価がどうであれ株式を保有してさえいれば8％近い配当が保証されていたのであり、その意味でリスクは存在しなかった。彼らが株式保有を維持できたどうかは別の問題である。

1886年の大株主をみると、設立時の大株主はほとんどがそのまま名を連ねている。表中には記載されていないが、新たに渡辺福三郎（9万6900株、海産乾物売込商）、吉田丹次郎（5600株、太物商）、安田善次郎（5500株、安田銀行）といった商人や財閥系銀行家が加わっている。彼らは1884、85年の低株価期に株式を購入していることになる。前章でみたように、この時期日本鉄道株の株価は額面を割っていた。その後株価は上昇に転ずるから、彼らはキャピタル・ゲインの形で創業株主以上の収益を得た。86年の大株主にはそれ以外にも都市

の商人層が中小株主としてあらわれてきており[10]、彼らもまた創業株主以上の収益を獲得していたことになる。

　1898年、1902年の大株主をみても、三井が大幅に株式数を増加させてはいるものの、顔ぶれにほとんど変化はない。1886年以降、日本鉄道株の株価は常に額面を上回っていたから、1888年から1897年にかけての第3回から第8回までの増資のさいには、株主は大きなプレミアム（増資収益）を得ることができた。のちの章でふれるが、戦前期の増資は額面割当発行であったためその利益はかなり大きなものであり[11]、株主にとっては株価が高くなっても株を売るよりは保有していたほうが有利であった。日本鉄道が1890年恐慌にさいしても順調に払込みを進めることができたのは、有力資産家を大株主にかかえていたこともあろうが、増資によるプレミアムという経済的誘因も強く働いていたのである。

　日本鉄道株は、創業株主にとっても、また低株価時に途中から株式投資に参加した株主にとっても、倒産の可能性も考え合わせれば銀行預金以上の安全資産であり、かつ銀行預金以上の収益率を上げ得る投資対象であった。明治20年代の東京、大阪の両株式取引所における日本鉄道株の受渡し高は、他の鉄道株に比べて極端に少ない。もちろん場外での取引も行われたであろうが、この時期の株式移動が他の鉄道会社よりもかなり低かったことは十分に推測できる。日本鉄道株の有利性と安全性を考えれば、株主が株を手放そうとしなかったのはまったく合理的な投資判断であった。

2　関西鉄道

　関西鉄道は資本金300万円、発行株数3万株（額面100円）の予定で1888年に設立された。発起人の引き受け株数は9427株で、うち三重県在住者が20人で3495株、滋賀県14人2735株、京都府8人1565株、東京府6人1330株、神奈川県1人300株という配分であった。7795株を三重、滋賀、京都の地元在住者が引き受けており[12]、発起引受け株の中心となっていたが、彼らの多くは商人、地主であった。表4-2は発起人のうち上位の株主を示している。地元以外の

表 4-2 関西鉄道の株主構成

年度	1888年			1895年					1902年	1905年
主要発起人		引受株数	(%)	株主		株数	(%)	株主		株数	株数
諸戸清六	仲買人（三重）	1,000	3.3	岩崎久弥	三菱合資	11,700	9.0	田中新七		6,228	5,888
井伊直憲	華族	500	1.7	井上保次郎	井上銀行	5,000	3.8	肥後銀行		3,600	
船本竜之介	（三重）	390	1.3	今村清之助	仲買人	3,625	2.8	岩崎久弥		3,589	3,989
阿部市郎兵衛	（滋賀）	330	1.1	島津忠義	華族	1,810	1.4	浮田桂三	北浜銀行	3,012	4,163
山中和右衛門	（滋賀）	300	1.0	足立孫六	地主（静岡）	1,717	1.3	島津忠義		2,683	
浜岡和右衛門	京都商業銀行	300	1.0	田中新七	北陸生保	1,500	1.2	西村重太郎	（滋賀）	2,460	2,500
三井三郎助	三井鉱山	300	1.0	徳川義礼	華族	1,388	1.1	玉置治郎三郎		2,400	
田中源右衛門	（京都）	300	1.0	西脇済三郎	第四銀行	1,340	1.0	徳川義礼		2,276	2,306
平沼専蔵	貿易商（神奈川）	300	1.0	上田リウ		1,250	1.0	吉川経健	地主（山口）	2,256	
三輪諸作	（三重）	300	1.0	織田昇次郎	仲買人	1,243	1.0	黒川幸七	仲買人	2,180	
木村譽太郎	地主（三重）	300	1.0	三井高保	三井銀行	1,000	0.8	大阪貯蓄銀行			10,318
九鬼紋七	地主（三重）	300	1.0	貝塚卯知		1,000	0.8	今村勤三	地主（奈良）		3,741
塚本定右衛門	（滋賀）	300	1.0	福原有信	帝国生命	1,000	0.8	瀬尾喜兵衛	東洋紡		2,354
発行予定株数		30,000		総株数		130,000		総株数		424,000	483,636

出所：杉山、前掲論文（1977年）、付表、野田、前掲書、86頁、『日本現今人名辞典』（1900年）、『日本紳士録　第1版』（1889年）、『人事興信録　第1版、2版』（1903年、1905年）。
注：人物摘要欄の団体名は役員勤務、（　）内は原住地。

大株主は三井と平沼専蔵だけであり、他はすべて地元の有力資産家、あるいは地主、商人であった。

　1895年の上位株主をみると、岩崎が筆頭株主になっているほか、井上、今村、田中等の有力資本家に加え島津、徳川といった華族も名を連ねている。その一方で設立時の大株主であった地元の商人、地主はすべて姿を消している。同じ商人、地主でも足立孫六（静岡）、西脇済三郎（新潟）など関西から遠く離れた地域に基盤を持つ大株主が登場する。このような大幅な株式移動が単に鉄道株の流動性の高さを示すものではないことは、日本鉄道株の移動状況をみてもわかる。有利な株式であるならば株主は手放さない。前章でみたとおり、関西鉄道株の収益率は創業株主にとってかなり不利なものであった。配当率は常に預金金利を下回り、開業から2年目から3年間株価は額面を割っている。この時期に株式保有を維持しきれなくなったのか、あるいは投資対象として見切りを付けたのか、いずれにせよ創業期の株主が関西鉄道の株式を手放したことが十分に推察できる。それに代わって肩代わりをする形で株式を購入したのが三

菱財閥の岩崎、徳川、島津といった上層華族、さらには有力な中小資産家であった。彼らが関西鉄道の株式が額面を割っている時期に株式投資を行ったことは間違いのないところであろう。その結果として大きなキャピタル・ゲインを得たばかりでなく、インカム・ゲインについても配当率を上回る収益率を実現したと考えられる。

1902年から1905年にかけても大株主の変動がみられる。関西鉄道は1899年に大阪鉄道、1904年に奈良、紀和、南和の3鉄道を合併しており、大阪貯蓄銀行が1905年に筆頭株主なっているのはそのためであると思われるが、島津、吉川などの株主が姿を消している。この間関西鉄道株はやはり額面を割っており、彼らは低株価で株式を処分したことになる。

関西鉄道は5大鉄道会社の中では例外的に株式収益率が低位にあったため、株主の移動はかなり激しかった。ここではっきりしているのは、設立時におけるリスクのかなりの部分を地元の地主、商人層が負担したということである。彼らにとって投資前のリスクは現実の損失となって顕在化した。いいかえれば、彼らの投資は失敗であった。それに対して新たな投資家として現われたのが財閥、華族等の有力資産家であり、収益率という観点からは合理的な投資であった。

3　九州鉄道

表4-3には九州鉄道の3時点における大株主が掲げてある。1895年をみると岩崎、三井、住友の財閥系株主と、諸戸、藤田、田中、井上、今西、今村といった有力事業家が株主の中心をなしていたことがわかる。このなかで設立時から関係を持っていたことがはっきりしているのは今村と井上であるが、他の大株主はすべてが設立時から株式を引き受けていたわけではない。九州鉄道の設立に関しては、株主数、持株数とも九州3県（福岡、熊本、佐賀）の比重が圧倒的に高かった[13]。しかし95年の段階で地元の株主は大株主としては1人も姿を見せていない。

九州鉄道の株価は1888年の設立時には額面を割っており、資本金の払込み率

表 4-3　九州鉄道の株主構成

1895年				1902年				1905年	
株主		株数	(%)	株主		株数	(%)	株数	(%)
岩崎久弥	三菱合資	34,659	10.5	岩崎久弥	三菱合資	91,307	9.3	123,277	9.9
三井高保	三井合名	20,739	6.3	岩崎弥之助	三菱合資	18,440	1.9	20,050	1.6
諸戸清六	仲買人（三重）	9,145	2.8	南清	鉄道省	13,157	1.3		
足立孫六	地主（静岡）	5,341	1.6	小塚正一郎		10,000	1.0		
藤田伝三郎	藤田組	4,815	1.5	住友吉左衛門	住友本店	9,502	1.0	12,877	1.0
井上保次郎	井上銀行	3,330	1.0	貝塚卯知		7,850	0.8		
住友吉左衛門	住友本店	3,075	0.9	三井銀行		7,179	0.7		
今村清之助	仲買人（三重）	2,015	0.6	松本達夫			0.0		
田中市兵衛	阪堺鉄道	1,322	0.4	安川敬一郎	石炭業	6,821	0.7		
今西林三郎	仲買人	1,200	0.4	橋本正彰	帝国商業銀行	6,759	0.7	9,073	0.7
本山彦一	藤田組	1,000	0.3	住友銀行				15,340	1.2
	総株数	330,000		明治生命				13,750	1.1
				日本貯蓄銀行				8,845	0.7
				日本生命				8,769	0.7
				明治火災				8,750	0.7
					総株数	980,000		総株数 1,240,000	

出所：中西、前掲書、67頁、前掲『日本鉄道史　上篇』、杉山、前掲論文（1977年）、付表、前掲『日本現今人名辞典』、前掲『日本紳士録』、前掲『人事興信録』。
注：人物摘要欄の団体名は役員勤務、（　）内は原住地。

も4割に満たなかった[14]。当初は4つの工区から同時に工事を開始する予定であったが、このような資金不足から「株金ノ募集ヲ見合セ発起人及ビ賛成者ノ出金ヲ以テ資金トナシ」[15]まずひとつの工区から建設に着手した。株価は開業翌年には回復したものの、1889年から1892年には再び額面を割っており、1891年には恐慌のあおりで再度株金募集を停止している。1895年度の大株主が株式を集中したのはおそらくこの時期であろう。地元の地主であった津田守彦は1892年に九州鉄道の役員を辞め、翌年からは田中市兵衛が入っている[16]。九州鉄道においても、関西鉄道ほどではないが、やはり株価収益率の低い時期に地方の資産家から中央の有力企業家に株式の移動があったと思われる。

　1895年から1902年にかけての大株主の変化をみると、個人株主に若干の変化はあるものの、財閥系資産家は依然として大量の株式を保有していた。炭礦主である安川敬一郎の名がみられるのは、97年に筑豊鉄道を合併しているからで

ある。1905年になると、財閥系株主は勢力を保っているが個人株主はほとんど姿を消し、銀行、生損保険会社といった機関投資家が大量の株式を保有するようになる。

4　山陽鉄道

山陽鉄道の設立には当初から三菱が深く関与していた。表4-4にみられるように、役員に荘田を送り込んでおり(17)、引き受けた株式数も1892年の所有株式数からみておそらくは最大であったと推測される。三菱以外にも何人かの有力な資本家が設立に加わっているが（ただし中上川はまだ三井に入社していない）、地元の地主、商人達も多数これに参画しており、地元在住の発起人だけで発起株総数の59.9％、開業年度発行株数の38.5％を引き受けていた。伊藤長次郎以下、地元の資産家も大株主として名を連ねている(18)。

それ以降の大株主の変化をみると、岩崎はつねに筆頭、もしくは次席株主の地位を占めている。注目されるのは三井が1893年に突如大株主としてあらわれることである。1892年の段階で三井は大株主としては姿を見せていないから、三井はこの1年の間に大量の株式を購入したと考えられる。92年と93年の大株主所有株式数にはほとんど変化がない。したがって三井はこの表に記載されない程度の中小の株主から株式を集めたことになる。地元の商人、地主で後年まで大量の株式を保有していたのは辰馬与平だけであり、他のものは92年にはすでに姿を消している。三井の所有株式が彼らを含む地方の中小株主が手放したものであろうことは容易に想像できる。

山陽鉄道の株価推移から考えて、三井は額面以下の価格で株式を購入したと思われる。発行株式数は91年から93年まで26万株で一定していたから、岩崎の所有株式増加分も額面以下で手に入れたものである。山陽鉄道は三菱、三井が筆頭、次席株主を占める財閥色の濃い企業であったが、その株式集中は1893年に確立したといってよい。その後の両財閥は、増資のさいに割当株式を引き受けていれば大株主としての地位は安泰であった。

表4-4　山陽鉄道

1887年				1892年		
主な発起人		引受株数	(%)	株主	株数	(%)
原六郎	横浜正金銀行	3,950	11.2	岩崎久弥	29,220	11.2
荘田平五郎	三菱合資	3,500	9.9	田中市兵衛	7,195	2.8
藤田伝三郎	藤田組	3,150	8.9	大塚磨	4,935	1.9
小西新右衛門	酒造業（兵庫）	2,750	7.8	今村清之助	4,605	1.8
中上川彦次郎	山陽鉄道社長	2,500	7.1	高木喜兵衛	3,280	1.3
伊藤長次郎	地主（兵庫）	2,500	7.1	山口孝兵衛	3,120	1.2
米沢長衛	地主（兵庫）	2,400	6.8	玉置治郎三郎	3,110	1.2
村野山人	（兵庫）	1,800	5.1	寺田甚与茂	2,718	1.0
山邑太左衛門	（兵庫）	1,500	4.2	小西新右衛門	2,557	1.0
辰馬吉左衛門	（兵庫）	1,200	3.4	辰馬与平	1,952	0.8
発起株数		35,300		総株数	260,000	

出所：『山陽鉄道会社創立史』明治期鉄道史資料第2集(3)（1980年）、桜井徹「山陽鉄道株式会社
注：人物摘要欄の団体名は役員勤務、（ ）内は原住地。

5　両毛鉄道

　鉄道業の株主については現在のところ詳細が不明である場合が多い。以下では創業株主が確認できない場合、創業期における役員の分析をまじえながら検討を進める。

　表4-5は両毛鉄道の設立時役員と1890年時点での大株主を示している。両毛鉄道は「自生的に」成立した産業鉄道といわれてきたが、この表からわかるように地場の織物商が設立時から確固たる指導権を持っていたわけではなかった。役員中、足利と桐生の織物業関係者は2名にすぎず、中核は金融業関係者（小松、菊池、今村、安田）と企業家（浅野）であった。その2名も1889年には辞任しており、後任には社長として日本鉄道社長奈良原繁、役員として大株主である西脇悌次郎などが就任している。この交代劇は地元織物業者の保有株式の減少というよりは同社の営業不振によるものと思われるが、地元織物業者の影響力は一層弱まっていった。

　1890年における両毛鉄道株の全国分布は、東京在住の株主が総発行株式数の23%、和歌山13%、栃木12%となっており、株式は各地に分散していた。しか

の株主構成

1893年			1899年			1905年		
株主	株数	(％)	株主	株数	(％)	株主	株数	(％)
岩崎久弥	32,220	12.4	三井銀行	30,751	6.4	岩崎久弥	44,103	6.1
三井高保	17,399	6.7	岩崎久弥	27,472	5.7	三井銀行	39,065	5.4
大塚磨	4,935	1.9	岩崎弥之助	10,000	2.1	岩崎弥之助	13,507	1.9
北野平兵衛	3,800	1.5	日本貯蓄銀行	4,750	1.0	明治生命	12,316	1.7
玉置治三郎	3,420	1.3	亀田介次郎	4,026	0.8	日本貯蓄銀行	9,490	1.3
灘尾喜兵衛	3,220	1.2	寺田甚与茂	4,012	0.8	住友銀行	9,056	1.3
田中市兵衛	3,035	1.2	松本達夫	3,900	0.8	住友吉左衛門	7,077	1.0
小西新右衛門	2,867	1.1	諸戸清六	3,402	0.7	明治火災	5,635	0.8
寺田甚与茂	2,718	1.0	松本重太郎	3,292	0.7	辰馬吉左衛門	5,126	0.7
織田昇次郎	2,250	0.9	住友吉左衛門	3,208	0.7	寺田甚与茂	5,144	0.7
総株数	260,000		総株数	480,000		総株数	722,000	

の資本蓄積条件と国有化」『商学集志』第49巻第2号（1980年）。

し株主数でみると東京が全体の48％、栃木20％、群馬9％であり、地元株主は相対的に零細であったといえよう。個人株主は新潟第四国立銀行頭取の西脇国三郎を筆頭に金融業者が圧倒的比重を占めており、地元には500株以上を保有している株主はいなかった[19]。

両毛鉄道においては、創業当初から地元の織物商の影響力が弱かったのか、あるいは株式投資収益率が低迷していた期間に株式移動があったのかは判然としないが、日本鉄道との合併に向けて、地元以外の企業家、株主による支配力が着実に進行していったことは確かである。

ここで両毛鉄道と同じ産業鉄道としての性格を持つといわれる筑豊鉄道についてふれておこう。すでに述べたように、筑豊鉄道は九州の炭礦業者が中心となって設立した鉄道であり、創業株主の48％は筑豊在住者であった。ところが発起人、株主の多くは不況で株金の追加払込みの余裕がなくなり、開業前から株式が大量に移動して、設立1年後には筑豊在住株主は37％にまで減少した。その株式を肩代わりしたのが華族と財閥（とくに三菱）であり、大株主のほとんどは東京在住者になったといわれている[20]。経営権も移り、開業時における地元役員は1人だけであった。

表4-5 両毛鉄道の役員と株主

設立時役員（1887年）			大株主（1890年）		
役職	氏　名		氏　名		株数
社長	田口卯吉	エコノミスト	西脇国三郎	第四国立銀行頭取	4,768
副社長	木村半兵衛	織物商（足利）	原秀次郎	（和歌山）	1,000
役員	小松彰	東京株式取引所株頭取	西脇悌二郎	（東京）	928
	菊池長四郎	東海銀行頭取	多谷寿平次	（和歌山）	780
	浅野総一郎	浅野セメント代表	高橋九郎	（新潟）	732
	佐羽吉太郎	織物商（桐生）	中村久	（和歌山）	687
監査役	今村清之助	今村銀行頭取	佐藤甚平	士族（東京）	562
	安田善次郎	安田銀行監督	下村忠兵衛	繊維商（東京）	504
	正田章次郎	日本熟皮会社理事	馬越恭平	三井物産社員	500

出所：石井、前掲論文、付表。

　筑豊鉄道は地元の中小株主が創業期のリスクを負って設立したが、そのリスクが現実の損失となってあらわれた。その結果、安値で中央の有力資産家が株式を集中した典型的な例といえよう。

6　阪堺鉄道

　阪堺鉄道は日本鉄道に次いで設立された鉄道企業であり、藤田伝三郎の請願によって設立が許可されている。以下は設立時（1885年）の阪堺鉄道役員の一覧である[21]。

　　社長　　松本重太郎　洋反物商（現第百三十国立銀行頭取）
　　取締役　田中市兵衛　肥料商
　　　　　　鳥居駒吉
　　　　　　佐伯勢一郎　藤田組社員
　　　　　　肥塚与八郎　酒造業

　阪堺鉄道は商人の資本を中心として設立された鉄道企業といわれている。詳細は不明であるが、同鉄道の設立時期の早さと小規模性から、大鉄道とは異なった株主構成を持っていたと思われる。松本重太郎と田中市兵衛は多くの鉄道

表4-6　中国鉄道の創業時役員と株主構成

1896年		1902年				1905年		
設立時役員		株　主		株数	(%)	株　主	株数	(%)
杉山岩二郎	金融業（岡山）	範田竜太郎	大阪鉄工	3,210	3.2	杉山岩二郎	8,120	8.1
石田庄兵衛	砂糖商（大阪）	安田善次郎	安田銀行	2,400	2.4	範田竜太郎	3,210	3.2
齋藤修一郎	東京米穀取引所	杉山岩二郎		1,866	1.9	安田善次郎	2,400	2.4
川端三郎兵衛		山中安吉	安田銀行	1,735	1.7	石原遊機人	2,400	2.4
立石岐	（岡山）	越野岩二郎		1,600	1.6	山中安吉	1,735	1.7
谷川達海	岡山紡績	初井佐七郎		1,150	1.2	近藤喜六	1,680	1.7
馬越恭平	日本麦酒	小林和平		1,000	1.0	初井佐七郎	1,170	1.2
近藤喜八郎	製鉄業（鳥取）	松平康民	華族	1,000	1.0	井上音三郎	1,095	1.1
奥田正香	尾張紡	青木要吉		920	0.9	馬場藤八郎	1,091	1.1
岡崎栄二郎	木綿商（大阪）	渡辺市兵衛		880	0.9	松平康民	1,000	1.0
		総株数		100,000		総株数	100,000	

出所：前掲『日本鉄道史　中篇』、杉山、前掲論文（1977年）、付表、前掲『日本現今人名辞典』、前掲『日本紳士録』、前掲『人事興信録』。

注：人物摘要欄の団体名は役員勤務、（　）内は原住地。

会社設立に参加し[22]、のちに「鉄道資本家」と呼ばれるようになるが、その資本形成に高収益を実現した阪堺鉄道株が果した役割は小さくなかったであろう。

7　第2次鉄道ブームに設立された鉄道企業

第2次鉄道ブームに設立された企業の検討に移ろう。

表4-6に示しているのは中国鉄道の設立時役員と1902年、05年の2時点における大株主である。中国鉄道は1896年、資本金250万円で設立された中規模鉄道である。設立時の役員からみて、中国鉄道の設立の中心が地場の商人と企業家であったことがうかがわれよう。中央の有力企業家や資産家が役員に姿をみせていないことから、発起株も多くは彼らが引き受けたものと想像できる。ところが1902年になると安田善次郎、松平康民といった財閥、華族が大株主としてあらわれてくる。第2次鉄道ブームに設立された企業の例にもれず、中国鉄道も営業が不振で、株価は額面を大きく割り込み低迷をきわめた。その低株価を利用して彼らが投資に乗り出したのは疑いのないところであろう。

表4-7 阪鶴鉄道の創業時役員と株主構成

1896年		株主		1902年		1905年	
設立時役員		株主		株数	(%)	株数	(%)
土居通夫	日本生命	香野蔵治	砂糖商	25,750	32.2	5,520	6.9
石田貫助	酒造業（兵庫）	小西新右衛門	酒造業（兵庫）	2,500	3.1	2,500	3.1
金沢仁兵衛	共立銀行	ゼダブルユーパーチナル		1,750	2.2		
田艇吉	住友銀行	松本重太郎	第百三十銀行	1,500	1.9		
池田貫兵衛	第六十五銀行（兵庫）	米沢吉次郎		1,405	1.8	1,400	1.8
弘道輔		井上保次郎	井上銀行	1,375	1.7		
米沢吉次郎	第五十六銀行（兵庫）	赤星弥之助	金融業	1,100	1.4		
松本重太郎	第百三十銀行	芝川又右衛門	金融業	1,000	1.3	1,000	1.3
田中市兵衛	貿易商	河野通成		800	1.0		
小西新右衛門	酒造業（大阪）	加藤安三		800	1.0	1,020	1.3
		飯田義一	三井物産			12,117	15.1
		渡辺専次郎	三井物産			8,433	10.5
		赤星鉄馬	金融業			1,700	2.1
		吉川和十郎				1,560	2.0
		品川健吉				910	1.1
		総株数		80,000		80,000	

出所：前掲『日本鉄道史 中篇』、杉山、前掲論文（1977年）、付表、前掲『日本現今人名辞典』、前掲『日本紳士録』、前掲『人事興信録』。
注：人物摘要欄の団体名は役員勤務、（ ）内は原住地。

同じことは阪鶴鉄道についてもいえる。阪鶴鉄道は第2次鉄道ブーム時兵庫県に設立された中規模鉄道であるが、やはり営業成績はふるわなかった。表4-7をみると、設立時の役員には松本重太郎、田中市兵衛、住友系の田艇吉などが顔をみせているが、地元の商人、地主も加わっていた。1902年の段階では個人株主もかなりの比重を占めているが、05年には三井系の株主が筆頭、次席の株主として登場してくる。この時期の阪鶴鉄道株もまた株価は大きく額面を割っていた。1902年から05年の間に発行株式数に変化はないから、三井は個人の株主から額面を割った株価で株式を集中したことになる。逆にいえば、個人株主はそのような低株価で株を売却したのである。

第3節　創業株主と大資本家の資産運用

1　リスク負担者

　近代産業の成立期に最も直接的にリスクを負担するのは創業株主であり、そのことは明治期日本においても同じである。明治期の紡績業の創業株主は大部分が商人層であったと思われる[23]。前章でとりあげた紡績会社も、大阪紡績と日本紡績を除けば、出資者の大半は地元の商人層であった[24]。彼らの投資にもリスクが伴っていたことは疑いない。しかし多くの場合幸いにもそのリスクは顕在化しなかった。それは鉄道企業に比べれば規模が比較的小さかったために資金調達が容易であったこと、技術的には大阪紡績という先発企業が存在していたことなどによるものであろう。

　それに対して鉄道業においては事情はまったく逆で、ほとんどの鉄道会社で創業期のリスクは低配当、低利回り、低株価という形で損失となってあらわれたのである。

　鉄道業の創業株主は、華族層、財閥、さまざまな有力企業家および金融業者、一般の中小株主の4つに大別されよう。華族層が創業株主として中心的役割を果したのは日本鉄道だけである。日本鉄道株はリスクの存在しようのない投資対象であり、資産として十分に安全だった。それゆえ華族層は主たる創業株主の姿を示してはいるが、それはリスクを伴わない特殊な状況であった。

　財閥等の有力資本家も大量に投資を行っている。とくに三菱は日本、山陽両鉄道会社の設立に積極的に参加し、経営に対する強力な発言権も持っていた。なかでも山陽鉄道は投資収益が確実であるような投資対象ではなかった。その意味で三菱は鉄道建設に対するリスクを自ら負担したのであり、三菱の出資がなければ山陽鉄道は企業として成立し得なかった。もちろん三菱は自らの関連企業を持っていたからこそ山陽鉄道設立に参画したのであろうが、それでもやはりリスクを負担し、一時的にではあっても損失を被ったことに変わりはない。

他の財閥も多かれ少なかれ鉄道会社設立に関与している。三井は関西鉄道に出資しているがそこにもリスクは存在していた。しかしのちに述べるように、これらの有力資本家が負ったリスクは実は政府によって保証されていたのであり、最終的には損失として顕在化する心配はほとんどなかった。

　業態はさまざまであるが、財閥以外の有力な企業家が果した役割は非常に大きい[25]。彼らはそれぞれにさまざまな方法で資本を蓄え、それを鉄道企業の設立に投資した。仲買人、金貸し業、商業取引などで得た利益を鉄道にふり向け、そこで得た利益をさらに別の鉄道に投資するという過程のなかで、次第に「鉄道株を所有している商人」から「鉄道資本家」と呼ばれる存在に成長していく。それゆえ最初の投資機会でいかに利潤を得るかが問題ではあったが、それに成功すると、創業株主としてのみならず、開業後の企業に対する株式投資にも参加するようになる。彼らは多くの場合銀行を設立し、それを基盤に投資を拡大していったのであるが、その資金的源泉は鉄道株であったといえよう。

　しかしながら、華族や財閥、あるいはその他の有力企業家の投資額自体がいかに大きくとも、それは全払込資本金の一部にすぎない。設立時における株式のかなりの部分はそれ以外の投資家が引き受けたのであり、それは地方の地主、商工業者など、比較的小規模な資産家以外には考えられない。関西、山陽の両大規模鉄道はその典型的な例であるが、程度の差こそあれ他の大規模鉄道にもこのような中小株主が多く存在していたはずである。地方中小鉄道についてはその傾向は一層顕著で、中央の有力資本家も参加しているが、地元の小資本家が株式の引受けに不可欠な存在であったことは疑いないところである。彼らは資産の規模が小さいがゆえに、保有株式の収益率が悪いとすぐさま株式保有を維持しきれない状態に追い込まれざるを得ない[26]。つまり、創業期のリスクが顕在化するかどうかに最も影響されたのはこの階層に属する株主であった。そして多くの鉄道会社において現実にリスクが損失として現われた。彼らは額面を割った価格で株を手放し、その一方でさまざまな株式移動の流れの中からこれらの株式の一部を購入、集中したのが華族、財閥を含む有力資本家、企業家であった。もちろん維持しきれなくなった株式を肩代わりするものがなけれ

ば企業は存続し得ないから、財閥、華族などの投資は必要不可欠ではあったが、同時に大きな利益を得たことも確かである。

2 株式担保金融

　前節でみたように、鉄道業における低株価と株式集中は収益が低位にある鉄道企業には共通した傾向であった。しかしながらここで注意すべきことは、各企業の大株主の株式占有率から明らかなように、財閥系の大資本家や中央の有力資本家だけで圧倒的な量の株式を占有していたわけではないということである。むしろ株式所有の中心は常に広汎な中小株主にあった。低株価期にはこれら中小株主間に大幅な株式移動があり、その流れの一部が、財閥、華族、あるいはその他有力な資産家、企業家の手に集中されたと考えるべきであろう。

　それでは、株式資金の太宗を担った中小、もしくは零細な株主は株式購入の資金をどこから調達したのであろうか。明治期の一般個人株主の資産規模と株式の額面金額を考えると、たとえ分割払込み制度が採用されていたとしても[27]、株式投資に向けられた資金のすべてが彼らの自己資金であったとは考えにくい。ここで問題にされるのが株式担保金融の存在である。

　株式担保金融とは、自己で保有している株式を担保に銀行から資金を借り入れることであるが、その借入金が株式の払込金に充当された可能性が指摘されている。銀行の貸付に対する担保は当初、地金銀、公債証書、地所等であったが、なかでも流動性の高い公債が歓迎されたという。しかし公債の発行残高は1870年頃から横ばいを続けたため公債を担保にするには限界があり、そこで1880年代以降に株式会社の普及に伴い、株式が担保に加えられることとなった[28]。

　しかし株式は価格変動を伴うものであり、銀行にとって担保品としては安全性と確実性に欠ける資産である。それを保証したのが1890年に創設された日本銀行の担保品手形割引制度であった。本来、日銀は条例によって株券を抵当とした貸付は禁止されている。そこで市中銀行に対して指定の株式を担保とした手形の割引を日銀が行うという仕組みをつくったのであるが、実態は株式を担

保とした貸付であり、一種の融通手形であった。これによって市中銀行は株式の担保としての安全性を確保し得たのである。担保品の中心は鉄道株で、このとき担保品として認められた15銘柄のうち、13銘柄は鉄道株であった。1897年にこの制度は見直され見返品制度に切り替えられるが、事実上は株式担保品の制度と変わるところはなかった[29]。見返り品銘柄も鉄道株が17銘柄中15銘柄を数えている。民間銀行の株式担保金融による貸付は、日銀の借入額をはるかに超えていたが、日銀が株式担保金融をオーソライズすることで促進効果を持ったことは確かであろう[30]。

　明治期における株式担保金融の銀行貸付に占める比重の推計には幅がある。普通銀行の貸付金の担保構成からみた株式担保金融の割合は、高い推計値をとれば明治期を通じて銀行貸し付けの3分の1から4分の1、1896年のピーク時には42％、低い推計でも通期で同十数％程度、ピーク時で21％に達している[31]。しかしいずれにせよ、銀行からの株式を担保とした借入金の大半が株式の払込資金にあてられていた可能性はきわめて高かったといえよう[32]。

　株式担保金融のひとつの解釈は、資本の社会的動員に既存の資産家のレピュテーション（評判）を利用したシステムであるという理解である。いわゆる名望家といわれる商人、地主といった中程度の資産家は初期段階においては自己の蓄積資金で株式を購入するが、次にはそれを担保に銀行から資金を借り入れ、追加払込み、増資に対応し、さらに別の企業の株式を購入する。かくして株式への投資が拡大し、その結果、戦前期における企業の特徴のひとつである自己資本比率の高水準がもたらされるというものである[33]。

　このような形で株式担保金融が機能していたとするなら、株式の担保価格の決定基準が重要な意味を持つ。表4-8は1900年の安田銀行における担保品株式の払込金額と株価、貸付担保価格をみたものである。安田銀行では担保品として61銘柄の株式を採用していたが、うち28銘柄が鉄道株であった。この表はその中から株価の判明しているものを掲げている。担保価格は各銀行が決定していたと思われるが、種類については日本銀行の担保品であるか、株式取引所で売買されているか、いずれかの条件を満たしていなければならなかったとみ

表4-8 株式担保価格と株価

(単位:円)

銘　柄	払込額 (A)	取引所株価 (B)	場外株価 (C)	担保価格 (D)	(D)／(A) (%)	(D)／(B) (%)	(D)／(C) (%)
日本鉄道	50	*71.7	71.5	55.0	110.0	76.7	76.9
九州鉄道	50	54.1	51.5	43.0	86.0	79.5	83.5
山陽鉄道	50	53.8	52.9	45.0	90.0	83.6	85.1
関西鉄道	50	41.0	38.8	30.0	60.0	73.2	77.3
甲武鉄道	45	*117.0	103.2	80.0	177.8	68.4	77.5
総武鉄道	50	*76.9	78.6	45.0	90.0	58.5	57.3
西成鉄道	50	43.3	43.3	30.0	60.0	69.3	69.3
南海鉄道	50	61.4	59.8	50.0	100.0	81.4	83.6
鐘淵紡績	50	*43.4	40.4	30.0	60.0	69.1	74.3

出所：野田、前掲書、227頁、前掲『大株五十年史』、前掲『東京株式取引所五十年史』、『大阪朝日新聞』。
注：取引所株価「*」は東京株式取引所における株価。

られる[34]。

　表中の (D)／(A) の数値からみてとれるように、担保価格は払込金額によって決定されていたのではなかった。払込金額と担保価格はほとんど関係がない。担保価格は株式の時価を基準に決定されていた。表右の2系列の数値から判断して、銘柄によって差はあるが、担保価格はおおよそ株価の6割から8割程度に設定されていた。株式担保金融によって株金の払込みが順調に進むためには、担保価格の上昇か、少なくとも現状株価の維持が前提となる。株価の上昇は投資額の増大を可能にするが、株価が下落すれば担保価格がさがることによって借入れ可能な資金が減少するだけではなく、場合によっては追加担保の必要性も生じてくる。これが市場全体で起こればバブルの崩壊という事態を迎える。1890年の恐慌がそれであった。株式が担保品として成立するためには、株式市場が機能していることが前提であるが、それゆえに構造的な危険をはらむシステムでもあった。

　さて、このような銀行→株主→企業という資金の流れに対して、戦前期の金融は一見直接金融の形態を示してはいるが、実態は間接金融であるという見方もされる[35]。しかし、直接金融と間接金融の統計的把握が困難であることを考慮に入れても、企業の自己資本の機能の重要性を考えれば、戦前期における

日本の金融は間接金融とはいえないという評価が妥当であろう[36]。

資金の流れだけではなく、直接金融と間接金融の問題でもうひとつ見落としてはならないのは、リスク負担の所在である。直接金融の本質は投資家が直接リスクを負うということである。戦前期企業の株式資金の出所は、経路をたどれば銀行であるかもしれないが、リスクを負担したのは株主であった。株主は証券市場を通じて株式会社に投資を行ったが、投資が失敗すれば損失を被るのは彼自身であり、銀行は投資家が破産したときに債権が焦げ付くという二次的なリスクを負うにすぎない。その意味でも戦前期の企業金融の主体は直接金融であったといえよう。

金融方式として、間接金融が非近代的な形態であり直接金融が近代的な姿だというわけではないし逆でもない。要は時代の制約と実現可能性に応じた金融システムが機能したということである。

3　財閥、華族の資産運用

財閥と華族は鉄道業において創業株主としてだけではなく、創業後の株式投資にも大きな役割を果している。彼らの多くは株価が額面を割っていたときに株を購入したと考えられるが、収益率のみを問題とするならそれは確かに合理的な投資であった。しかしさらに株価が下がる、あるいは鉄道企業が倒産するという危険はなかったのであろうか。

ここに鉄道業の特殊性がある。鉄道業は比較的規模の小さなものでも他の産業と比べれば資本金は圧倒的に大きく[37]、ある程度の規模を持って操業を続けている企業なら倒産の危険はまずなかった。少なくとも他の産業よりは安全であった。また、鉄道業はその性格上景気変動による影響が比較的少なく、収益率が安定的な産業である。このことは当然株式にも反映される。現実に、第1次鉄道ブームに設立された鉄道会社の株式は一度収益率がプラスに転じると、それはほとんどの場合維持された。

明治20年代、30年代を通じて、財閥と華族の紡績業への投資は設立時の大阪紡績を除けば、三井から鐘淵紡績への出資があっただけで、他にはまったくと

いってよいほどなかった。紡績業は鉄道業に比べて規模が小さいうえに好不況の影響を受けやすいことから、収益率の低下、株価の額面割れ、さらには倒産という危険が常に存在していた。それゆえ安全性という観点から財閥、華族は紡績業ではなく、鉄道業を投資先として選択したのである。

さらに鉄道業には国有化というもうひとつの大きな安全弁があった。さきに述べたように国有化が実施される可能性は常に存在しており、いつかは国有化されるであろうことは官民に共通した認識であったといえよう。さらにその条件は、少なくとも建設費用は回収できるというものであった。したがって株主は株を保有し続けてさえいれば少なくとも資本金程度は回収できたわけである。当然ながら財閥、華族は株式保有を維持できるだけの資産は十分に持っていたから、彼らにとって国有化はリスクを回避するという意味で鉄道株投資のきわめて大きな誘因であった。

華族層と三菱はまず安全資産として日本鉄道株に投資した。その後他の財閥も鉄道株投資に参加するが、それはすでに鉄道株が創業期における収益の不安定な時期を乗り越え、まさに準安全資産ともいえる投資対象へと移行せんとする直前に行われた投資であった。彼らの投資は合理的なもので、その結果大きな収益をあげたのであるが、その一方で獲得した収益は中小株主のリスク負担の上に立ったものであったともいえる。

注
（１）　石井寛治「産業確立過程の株主層」逆井孝仁編『日本資本主義――展開と論理』（東京大学出版会、1978年）84頁。
（２）　同上論文、86頁。華族の金録公債が上層に集中し、かつ上層華族のほとんどが巨大株主としてリストアップされていること、華族の所有株式の過半が天皇と第十五国立銀行に集中していることから、下層華族の株式所有は上層におけるほど大量ではなく、華族全体としてみると株主層に占める地位はさほど高くないとされている。
（３）　守田志郎『地主経済と地方資本』古島敏雄監修、近代土地制度史研究叢書第六巻（御茶の水書房、1963年）144～147頁。

（4） 石井、前掲論文、88頁。
（5） 守田、前掲書、179頁。
（6） 石井、前掲論文、91頁付表。
（7） 星野誉夫「日本鉄道会社と第十五国立銀行（2）」『武蔵大学論集』第19巻第1号（1971年）9〜11頁。
（8） 野田、前掲書、56頁。
（9） 星野、前掲論文、前掲『帝国統計年鑑』より。
（10） 星野、前掲論文、18頁。
（11） 1892年の第5回増資には、15円の払込みに対して46円の株価がついている。この31円のキャピタル・ゲインは増資にさいして1回だけ得られる。
（12） 伊牟田、前掲書、85頁。
（13） 九州鉄道の創立関しては、中村、前掲書、256頁に詳しい。
（14） 野田、前掲書、72頁。
（15） 九州鉄道総務課『九州鉄道株式会社小史』（1904年）11頁。
（16） 同上書、付表。
（17） 桜井徹「山陽鉄道株式会社の資本蓄積条件と国有化問題」『商学集志』日本大学商学研究会第49巻第3号（1980年）72頁。
（18） 『山陽鉄道会社創立史』野田正穂・原田勝正・青木栄一編集、明治期鉄道史資料第2集（3）Ⅱ、1980年。
（19） 石井常雄、前掲論文、付表。
（20） 野田、前掲書、86頁。
（21） 中西、前掲書、23頁。
（22） 山陽、九州、南海、阪鶴、豊州、京都の各鉄道である。
（23） 山口、前掲書、86〜96頁。
（24） 大阪、尼崎、摂津、福島、三重、鐘淵の各紡績企業については、同上書を参照のこと。なお、以上の企業には株主の移動はほとんどみられなかった。それは高収益、高株価を実現していたこともあるが、株価が低迷しているときであっても（例えば福島紡績、堺紡績）、有力資産家にはそれを買う意思がなかったためと考えられる。日本紡績の設立発起人には例外的に有力な企業家が名を連ねている。岡橋治助、田中市兵衛、金沢仁兵衛などである（絹川、前掲書、第7巻、8〜9頁）。これは日本紡績が瓦斯糸生産を最初に試みた紡績企業であることに理由が求められよう。
（25） その典型的な例をあげれば、例えば田中市兵衛であろう。田中の前身は肥料商であるが、阪堺鉄道の設立後は交通資本家としてさまざまな鉄道会社に役員とし

て参加する。地方の中小資本家のすべてが損失を被ったわけでなく、有利な投資機会をつかみさえすれば有力資本家にのし上がることも可能だったのである。ほかにも松本重太郎、井上保次郎、平沼専蔵、今村清之助、今西林三郎など例をあげれば枚挙にいとまがない。

(26) 株式を手放す理由の第一は株式そのものの低収益性であるが、忘れてならないのは分割払込期間中の追加払込みである。追加払込みがなされない時、その株券は失効する。

(27) 額面金額と分割払込制度については第5章であつかう。

(28) 野田、前掲書、219〜220頁。

(29) 同上、222〜224頁。

(30) 寺西重郎『日本の経済システム』(岩波書店、2003年) 88頁。

(31) 高い推計値は全普通銀行、低い推計値はそこから第十五国立銀行の株式担保金融分を除いたものである(野田、前掲書、192頁、星野誉夫「日本資本主義確率過程における株式担保金融」逆井、前掲書、76頁)。

(32) 野田、前掲書、216頁。

(33) 寺西、前掲書、87頁。

(34) 野田、前掲書、226頁

(35) 石井寛治『近代日本金融史序説』(東京大学出版会、1999年) 545〜547頁。

(36) 藤野正三郎・寺西重郎『日本金融の数量分析』(東洋経済新報社、2000年) 147〜149頁。

(37) 大阪紡績は紡績企業の代表格であるが、その1898年の資本金は120万円であった。それに対しわずか4.4マイルの小規模鉄道である西成鉄道でも、同年の資本金は165万円である。

第5章　鉄道企業の経営と資金調達

第1節　財務構造と収益性

1　資産の安全性

　明治期の近代産業は多くが株式会社の形態で発展してきたが、鉄道業はその代表的な存在であり、明治期における最大の株式会社であった。本節では、主として経営分析の手法を用いながら株式会社としての鉄道企業を検討していく。経営分析は精緻な理論的な枠組みを持つものではないが、具体的な観点から株式会社の特質を把握するには有効な手段である。経営分析の手法は大きく企業の安全性と収益性の分析に分かれる。ここではまず安全性の観点からみていこう。

　表5-1は1880年代後半から1890年代半ば（明治20年代）における鉄道会社の財務内容を示している。表中の総資産は払込資本金、積立金、社債、借入金の合計である。支払手形、一時借入金などが含まれていないため若干過小評価になってはいるが、これで大略はおさえているといってよいであろう。払込資本金は株式によって調達された資金である。積立金はいわば企業の貯金であり、内部留保として経営者が比較的自由に使える資金である。この2つは企業にとっては返済義務のない資金であり、自己資本と呼ばれる。社債と借入金は形式の相違はあっても外部からの借入れであり、債務者たる企業は借入れ元金の返済と金利負担の義務をもつ。これを他人資本という。資産総額に対する自己資本の割合を自己資本比率といい、一般的にはこの比率が高い方が企業の財務は安定的であるとされている。自己資本には返済義務と金利負担がないからである。

　この表から明らかなことは、鉄道業は資金の大半を払込資本金、すなわち株式によって調達していたことである。鉄道企業の資産のほぼ9割は払込資本金であり、社債発行は1890年代に増加するがそれでも多い年度で約1割程度であり、借入金はこの時期を通じてほとんどなかった。自己資本比率は鉄道産業全

表5-1 鉄道業の財務（全社） (単位：千円)

年次	総資産	公称資本金 (%)*	払込資本金 (%)**	積立金 (%)**	社債 (%)**	借入金 (%)**
1887	9,247	12,130 (74.8)	9,072 (98.1)	129 (1.4)	0 (0.0)	46 (0.5)
88	15,392	31,870 (47.1)	14,997 (97.4)	230 (1.5)	0 (0.0)	165 (1.1)
89	28,340	45,390 (61.6)	27,943 (98.6)	367 (1.3)	0 (0.0)	30 (0.1)
90	40,435	52,390 (73.5)	38,493 (95.2)	511 (1.3)	269 (0.7)	1,162 (2.9)
91	46,426	52,960 (82.0)	43,441 (93.6)	649 (1.4)	1,494 (3.2)	842 (1.8)
92	49,802	56,237 (83.1)	46,737 (93.8)	775 (1.6)	1,710 (3.4)	580 (1.2)
93	55,771	63,415 (77.1)	48,870 (87.6)	518 (0.9)	5,680 (10.2)	703 (1.3)
94	67,154	80,290 (73.7)	59,177 (88.1)	1,322 (2.0)	5,778 (8.6)	877 (1.3)
95	79,187	99,228 (72.2)	71,626 (90.5)	1,162 (1.5)	5,522 (7.0)	877 (1.1)
96	96,962	120,015 (74.2)	89,011 (91.8)	1,587 (1.6)	5,350 (5.5)	1,014 (1.0)

出所：前掲『鉄道局年報』各年度。
注：(1) ＊は公称資本金に占める払込資本金の割合。
　　(2) ＊＊は総資産に対する割合。

体では90％を超えており、資産に占める他人に資本の割合はごく低位であった。この点で戦後企業とはまったく対照的な姿を見せていたといえよう[1]。

　ただし自己資本に占める積立金の割合は1％台ときわめてわずかであり、内部留保の水準は低かった。このことはやはり明治期の代表的な株式会社である紡績業とは事情を異にしていた。紡績業は鉄道業と並ぶ明治期における代表的な近代産業であり、株式会社の形態を採用し資金調達も株式発行が中心であった。しかし内部留保は比較的厚く、明治期においても総資産の10％以上を占めていた[2]。

　留意する必要があるのは、公称資本金に占める未払込分である。後節で詳述

第 5 章　鉄道企業の経営と資金調達　137

表 5-2　鉄道業の財務と資産の安全性

(全社　単位：千円)

年　次	1900	1901	1902	1903	1904	1905
総資産　　　(1)	213,923	224,164	237,008	253,280	262,921	282,731
(A)払込資本金	181,267	192,811	202,604	208,286	215,922	223,337
(％)	(84.7)	(86.0)	(85.5)	(82.2)	(82.1)	(79.0)
(B)積立金	3,636	4,401	5,156	6,038	6,805	8,057
(％)	(1.7)	(2.0)	(2.2)	(2.4)	(2.6)	(2.8)
(C)社債	11,018	12,893	12,895	18,364	21,022	29,766
(％)	(5.2)	(5.8)	(5.4)	(7.3)	(8.0)	(10.5)
(D)借入金	2,498	1,658	1,586	1,073	1,055	3,486
(％)	(1.2)	(0.7)	(0.7)	(0.4)	(0.4)	(1.2)
(E)一時借入他　(2)	7,433	5,297	5,149	7,820	4,335	5,084
(％)	(3.5)	(2.4)	(2.2)	(3.1)	(1.6)	(1.8)
(F)その他	8,071	7,104	9,618	11,699	13,782	13,001
(％)	(3.8)	(3.2)	(4.1)	(4.6)	(5.2)	(4.6)
(G)建設費　　(3)	197,513	207,403	216,749	232,505	242,928	252,787
(％)	(92.3)	(92.5)	(91.5)	(91.8)	(92.4)	(89.4)
固定比率　(％)(4)	106.8	105.2	104.3	108.5	109.1	109.2
長期適合率(％)(5)	99.5	97.9	97.5	99.5	99.2	95.5

出所：前掲『鉄道局年報』各年度。
注：(1) 総資産＝A＋B＋C＋D＋E＋F
　　(2) 一時借金、支払手形、または当座借越金。
　　(3) 建設費／総資産
　　(4) 固定費率＝G／(A＋B)
　　(5) 長期適合率＝G／(A＋B＋C＋D)

するが、戦前期における株式の払込みには分割払込制度が採用されており、最初から株式の額面全額を払い込む必要はなかった。株金として払い込んだ金額が額面金に達していない分が未払込分であり、公称資本金と払込資本金の差額が未払込分の総額である。この未払込分は常に存在しており、いずれは追加払込みによって充足されねばならない部分である。もっとも公称資本金における未払込部分の存在は戦前期における株式会社の特徴であり、鉄道業にかぎったことではなかった。戦前期のほとんどの業種において同様な状況がみられ、いずれも公称資本金の4分の1程度は未払いであった[3]。

　明治20年代における鉄道業の資金調達は株式発行が中心であり、これを社債

が若干補うという姿であった。要するに資金の大半は証券市場を通じて調達されていたのである。

表5-2は1900年代前半（明治30年代）における鉄道業の財務概要である。この頃には明治期の主要な鉄道会社はほとんどが開業している。この表は支払手形などを含む「一時借入金」、さらに「その他」の項目を含んでいる分だけ、明治20年代を概観した前出の表5-1よりも精度が高い。この表をみるかぎり、鉄道業の財務内容は全体としては明治20年代と大きくは変わらない。払込資本金と積立金を合計した自己資本比率は80％台を維持している。資金の源泉は払込資本金がおおよそ8割を占め、それを社債で補うという形である。資金の9割方は建設費に向けられているが、鉄道業の性格上当然の内容といえる。

表5-2には固定比率と長期適合率が計算されている。固定比率は固定費と自己資本の割合を示した比率で、以下の式で計算される。

　　固定比率（％）＝固定資産÷自己資本×100

固定資産とは企業活動の根幹を形作る土地、建物、工場などに代表される有形な資産であり、これなしに企業活動はあり得ない。同時に、これらの資産は容易には資金に転換できないから、出来るかぎり返済義務のない自己資本で賄われることが望ましい。したがって固定比率の望ましい比率は100％以下とされる。

ここで鉄道業の建設費を固定資産とみなすと、固定比率は100％を少し越えるが、固定費の大方は自己資本で賄っていたといえる。ただしこの自己資本はほとんどが払込資本金であり、積立金は依然として低位にとどまっていた。借入金もわずかであるから、設備投資資金はもっぱら証券市場から調達していたことがわかる。

長期適合率は、固定資産に対する自己資本と長期借入金の合計額の比率であり、以下の式で計算される。

　　長期適合率（％）＝固定資産÷（自己資本＋固定負債）×100

企業が固定資産を自己資本で賄えないときは、他人資本によって資金を調達するしかないが、この場合も可能なかぎり長期的かつ安定的な資金であること

表5-3 自己資本比率と固定比率 (単位：％)

	年次	1900	1901	1902	1903	1904	1905
九州	総資産（千円）	34,105	44,382	47,471	51,017	52,272	54,965
	自己資本比率	90.3	95.7	94.5	90.6	93.7	92.5
	固定比率	99.2	92.7	93.9	98.4	100.4	101.0
	長期適合率	93.9	89.3	90.6	95.2	97.4	98.1
山陽	総資産（千円）	25,531	27,686	29,020	32,336	36,708	40,017
	自己資本比率	83.1	85.8	85.0	80.0	82.5	80.3
	固定比率	110.5	108.8	109.2	117.4	111.7	113.9
	長期適合率	101.6	101.1	101.9	104.7	101.4	104.3
関西	総資産（千円）	21,815	22,380	22,966	23,227	27,779	35,379
	自己資本比率	95.6	95.6	93.6	93.1	88.9	70.6
	固定比率	102.2	101.5	104.1	104.5	109.8	110.3
	長期適合率	101.5	101.5	104.1	104.5	106.0	77.0
甲武	総資産（千円）	2,308	2,400	3,218	3,574	4,117	4,841
	自己資本比率	93.0	98.2	76.7	70.3	70.1	61.5
	固定比率	91.6	87.6	86.3	93.3	113.9	134.7
	長期適合率	84.6	85.9	64.8	65.2	80.0	79.0
総武	総資産（千円）	4,564	4,790	4,880	5,411	5,400	5,532
	自己資本比率	86.5	90.4	89.3	81.3	82.0	80.6
	固定比率	108.9	101.3	102.9	109.3	116.3	118.4
	長期適合率	108.9	101.3	102.9	96.1	102.3	104.2
阪鶴	総資産（千円）	6,371	6,436	6,552	6,624	6,736	6,890
	自己資本比率	63.1	62.4	61.3	60.7	59.1	58.5
	固定比率	149.3	150.7	152.7	154.2	155.7	158.2
	長期適合率	139.0	113.9	115.4	103.0	96.1	97.7
中国	総資産（千円）	3,534	3,521	3,367	3,588	4,089	4,122
	自己資本比率	88.0	91.2	99.2	93.3	81.9	81.5
	固定比率	101.8	100.9	97.4	101.1	117.9	119.5
	長期適合率	92.8	92.2	97.4	101.4	97.0	98.4
徳島	総資産（千円）	1,289	1,328	1,357	1,429	1,407	1,357
	自己資本比率	62.6	60.8	59.8	56.9	53.3	55.4
	固定比率	143	153.2	153.1	159.7	171.9	171.6
	長期適合率	90.5	96.0	93.6	90.8	94.6	95.7
南和	総資産（千円）	796	862	882	876	—	—
	自己資本比率	92.9	92.0	90.3	91.2	—	—
	固定比率	105.7	106.4	108.1	108.2	—	—
	長期適合率	98.4	100.8	99.1	98.4	—	—

出所：表5-2に同じ。

が望まれる。長期にわたり使用する固定資産の建設資金を、すぐに返済しなければならないような短期の借入金で充足することは危険が大きいからである。この長期の他人資本を固定負債といい、通常は社債と長期借入金からなる(4)。固定資産をすべて自己資本で賄えない場合でも、長期にわたる安定した他人資本で補うなら、ある程度企業の安定性は確保されているといえる。企業にとっては、固定比率と同様、長期適合率も100％を下回る数値が望ましい。一方で、返済が長期にわたる他人資本を調達するためには、債権者に対して安定した価値を持つ担保物件を提示する必要がある。その意味で固定負債を導入できるということは、その企業の担保力の高さを示すものであるともいえる。

表5-2からわかるように、明治期における鉄道業の長期適合率は100％を下回っているが、これは社債の貢献である。額自体は大きくないが、社債発行によって建設費は安定的に確保されていた。

固定比率と長期適合率からみるかぎり、明治期における鉄道業は総体としては、安定的な財務内容を持っていたといえよう。しかしこれは産業全体の姿であり、個別にはさまざまな状況が存在していた。本節では鉄道会社としての特性と株価データの制約から、大規模鉄道グループの中から九州、山陽、関西の3社、都市近郊鉄道である甲武、総武の2社、そして地方鉄道として南和、阪鶴、中国、徳島の4社を分析の対象としたが、叙述は課題に関連する企業にとどめており、すべてについて言及しているわけではない。

表5-3は上記鉄道9社について自己資本比率と固定比率、長期適合率を掲げたものである。自己資本比率は阪鶴、徳島の両鉄道が60％を割り込み、甲武鉄道も60％台に数値を下げている。後節でとりあげるが、阪鶴、徳島の両鉄道と甲武鉄道の自己資本比率は一見して同じように下がっているようにみえるが、その経営状況は対照的な内容であった。

固定比率についてみると比率は各社とも年々上昇し1905年には100％を超えている。なかでも阪鶴、徳島の両鉄道は150％以上に達しており、企業の安全性という観点からは危険水域に近づいていた。もっとも長期適合率は、山陽鉄道がわずかに100％を上回っている以外は各社とも100％以下に収まっており、

一応の資金調達力は確保されていたと評価できよう[5]。

自己資本比率、固定比率、長期適合率は経営実態を直接示すものではなく、企業を資産の安全性の観点からのみ評価した数値である。したがって同じような比率を示していたとしても、経営内容には大きな差があることも少なくない。次はここで分析の対象とした各社の収益性を検討しよう。

2 収益力と費用

会計学と同様、経営分析においても企業の利益は4つの段階に分けて考える。まず売上総額から原価を差し引いたものを売上総利益（粗利）といい、これが企業の最初に手にする利益である。売上総額に対する売上総利益の割合を売上総利益率というが、収益性を表わす比率は通常売上総額を分母として計算する。以降も断りのないかぎり、比率は売上総額に対するものである。

売上総利益から営業費用を差し引くと営業利益が求められる。営業費は販売管理費と一般管理に区別される。売上額が増大するにつれて増加する費用を販売費、売上の増減にかかわりなく必要となる費用を一般管理費という[6]。営業費は企業の本来業務から得られる利益であり、本業の成績を示す指標とされる。

営業利益に営業外損益を合算すると経常利益が得られる。営業外損益とは金融資産にかかわる収支である。企業が社債を発行や借入金で資金を調達すると利子を支払う義務が発生するが、この利子支払い分が営業外損失である。逆に、他社の株式や社債を保有していれば配当金を受け取ることが出来るし、貸付をしていれば利息を受け取る権利がある。このような金融資産から得られる受取利息が営業外利益である。したがって他人資本が多い企業は営業外損失が発生し、自己資本を中心としている企業は営業外利益を獲得する傾向が強い。別のいい方をすれば、自己資本比率の低い企業は営業利益から経常利益に移行する段階で利益率は低下するが、高い自己資本比率を持つ企業は上昇するということである。

借入金や社債に対する利子支払いが不能になれば、企業は倒産する。企業に

とって利子支払いは経営を左右しかねない決定的な要因のひとつであり、場合によっては致命傷にもなりかねない。経常利益が企業の実力を表わす最も重要な経営指標とされる所以はここにある。

経常利益に一時的な損益である特別損益を加え[7]、税金を差し引くと当期利益になる。これが企業の手元に残る最終的な利益であり、ここから株主配当金や役員賞与が支出され、残りが積立金として来期に繰り越され内部留保となる。

表5-4は、分析対象9社と私鉄全社合計の収益性に関する1902年度の経営指標を示したものである[8]。鉄道業の場合売上原価は存在しないから、利益は営業収入から始まる。営業収入の構成は全社合計で客車が50％台、貨車が40％台であるが、各企業によって差がみられる。炭鉱地域に路線を持つ九州鉄道は客車収入より貨車収入の方が大きく、この表には記載していないが北海道炭礦鉄道も同様であった[9]。それ以外の企業は客車収入が中心であり、貨車収入は営業収入の2割から3割程度であった。

営業収入に対する営業利益率をみると、すべての企業が50％から60％の良好な業績を実現していた。これはかなり高い営業利益率であり、現在の水準からはかけ離れているが、それは減価償却費が計上されていないことが大きな理由である[10]。この時期、減価償却の概念はまだ明確には意識されていなかった。

営業利益の段階では各企業とも顕著な差は存在しなかったが、経常利益におりると阪鶴鉄道と徳島鉄道が大きく後退する。その理由は明らかで、両社の莫大な営業外損失の存在である。すなわち利子支払いによって営業利益の過半が社外に流失しているのである。前節でみたように、両社の自己資本比率は大きく低下していたが、それが大きな営業外損失として結果した。自己資本比率の水準でいえば、甲武鉄道も決して高くはなかったが、のちにみるように甲武鉄道は阪鶴、徳島とは対照的な経営状況にあった。

表5-4の下段には営業哩数と資産総額に対する経営指標を示してあるが、ここでも営業利益の段階では阪鶴と徳島の両鉄道がとくに収益性において劣っていたわけではないことが確認される。両社の財務内容の不安定性はもっぱら

表 5-4　収益性と費用（1902年）　　　　　　（単位：％）

企業名	九州	山陽	甲武	総武	関西	南和	阪鶴	中国	徳島	全国私設鉄道
営業収入（円）	6,778,034	3,889,692	596,339	738,016	2,344,911	103,032	497,035	175,002	113,758	33,344,213
客車収入	41.1	71.4	64.8	76.1	70.0	70.9	69.3	60.6	79.8	53.5
貨車収入	56.3	23.9	26.6	19.6	25.6	21.6	29.8	27.8	14.3	42.3
雑収入	2.5	4.6	8.6	4.3	4.4	7.4	0.9	11.6	6.0	4.2
営業費率	41.8	41.0	36.4	39.3	38.1	44.7	43.4	49.0	42.4	44.4
保線費	9.0	8.9	4.0	8.9	6.4	7.5	9.8	9.4	7.8	9.2
汽車費	15.3	15.5	19.8	18.3	16.7	22.4	18.2	21.9	18.4	18.9
運輸費	11.7	12.7	10.3	8.8	12.6	11.8	11.9	9.7	11.7	12.1
総経費	5.8	3.9	2.2	3.3	2.4	3.0	3.6	8.0	4.5	4.2
営業利益率	58.2	59.0	63.6	60.7	61.9	55.3	56.6	51.0	57.6	55.6
営業外損益率	-1.3	-3.2	-4.0	0.0	-2.1	-5.1	-48.8	-9.0	-38.9	-0.6
利子支払	1.3	3.6	4.0	0.0	2.1	5.1	48.8	9.0	38.9	5.8
雑益金	0.0	0.4	0.0	0.0	0.0	0.0	0.0	0.0	0.0	5.2
経常利益率	56.9	55.8	59.6	60.7	59.8	50.1	7.8	42.0	18.7	55.0
その他臨時支出	0.0	1.0	0.0	0.0	0.0	0.2	0.0	0.0	0.0	0.0
諸税	4.6	4.2	4.0	4.9	6.3	4.2	2.7	8.6	0.6	4.2
当期利益率	52.4	50.6	55.6	55.8	53.5	45.7	5.1	33.3	18.1	50.8
営業哩数（哩）	417.71	331.63	26.77	72.25	193.56	16.60	68.33	34.76	21.39	2,977.7
1哩数当り収入（円）	16,227	11,729	22,276	10,215	12,115	6,207	7,274	5,035	5,318	11,198
乗客1人当り（毛）	145	124	151	149	161	185	192	173	145	150
貨物1噸当り（毛）	197	79	234	375	223	277	334	224	332	184
1哩当り営業利益（円）	9,443	6,918	14,179	6,204	7,503	3,430	4,117	2,568	3,063	6,224
1哩当り経常利益（円）	9,240	6,541	13,280	6,204	7,245	3,111	566	2,113	997	6,162
総資本（千円）	47,471	29,020	3,218	4,880	22,966	882	6,552	3,367	1,357	236,965
総資本営業収入率	14.3	13.4	18.5	15.1	10.2	11.7	7.6	5.2	8.4	14.1
総資本営業利益率	8.3	7.9	11.8	9.2	6.3	6.5	4.3	2.7	4.8	7.8
総資本経常利益率	8.1	7.5	11.0	9.2	6.1	5.9	0.6	2.2	1.6	7.7

出所：前掲『鉄道局年報』1902年度。
注：(1) 哩数は年度平均営業哩数。
　　(2) 全国私鉄雑益金は補給金523,913円を含む。

他人資本の大きさによるものであり、これは鉄道業にかぎったことではなく他の産業でもしばしばみられる状況である。

第2節 資金調達手段と資本コスト

1 増資と追加払込み

本節の課題は、明治期における鉄道企業の資金調達を資本コストとの関連において検討することである。企業の資金調達にはいくつかの方法があるが、各企業はそれぞれの置かれた状況に応じて、あるときはやむを得ず、またあるときは積極的な意図を持って調達手段を決定する。一般に鉄道業の場合、路線の拡大には莫大な資金が必要であるため、資金調達手段の選択は決定的な意味を持つが、それは明治期の日本においても同様であった。

株式による資金調達には2つの方法がある。最も一般的な方法は新株発行つまり増資であるが、割り当てられた新株を引き受けるか否かは基本的には株主の自由である。いまひとつは戦前期に特有であった分割払込制度の下での追加払込みである。追加払込みが期日までになされないと株券は失効し競売に付される。したがって追加払込みは株主に対してある程度の強制力を持っていたといえよう。明治期にはこの2つの制度が同時に採用されており、発行された新株も分割で払い込まれた。初回の払込額はまちまちであり、例えば額面50円に対し数円ということも珍しいことではなく、多い場合でも10円程度であった。1893年の商法一部施行により、初回払込みは額面の四分の一以上と決められ、鉄道の場合はほとんどが12.5円となる[11]。払込期間は企業によって異なるが、額面の満額に達するのに2、3年、長期におよぶのものでは5年以上にわたることもある。

表5-1、5-2にみられたように、明治20年代鉄道業の払込資本金は急増し、30年代にいたっても増え続ける。それでは新株発行による増資と追加払込みは、払込資本金の獲得にそれぞれどの程度貢献したのであろうか。以下では払込資本金の増加分に対する、新株発行（増資）の直接的な寄与率を推計する。ただし資料的な制約から全社の推計は困難であるため、表5-5に掲げた8企業を

第5章　鉄道企業の経営と資金調達　145

分析の対象とした。

払込資本金の増加分は次のような構成要素からなる。すなわち、

払込資本金増加分（A）＝旧株追加払込み①＋第1新株追加払込み②
　　　　　　　　　　　＋第2新株追加払込み＋……＋新株発行による払込金③

である。

新株発行による払込金③を求めるためには2つの推計方法が考えられる。ひとつは払込資本金の増加分から旧株および新株の追加払込分を除く方法である。しかしながら旧株の追加払込みは確認できるが、第1新株追加払込み②以下は不明な場合が多く、実際には「払込資本金増加分（A）」から「旧株追加払込み①」を減じて「新株発行による払込金③」を求めた。したがってこの推計は新株の追加払込みが考慮されていない分、過大評価の可能性があることになる。

いまひとつの方法は、株式増加数に発行された新株の発行年度未払込額を乗じて、直接に「新株発行による払込金③」を算出するものである。年度末の新株払込金は新聞からデータを取ったが[12]、不明なことも少なくなく、そのさいは東京株式取引所で売買が開始された時点での払込金を採用した。しかしこの場合も売買開始前に追加払いがなされていたとも考えられ、また当該年度末にすべて払込みが完了しているともかぎらないので、やはり過大推計の可能性がある。

ここでは、2つの推計系列のうち小さい方の値を「新株発行による払込金③」とした。それを用いて「払込資本金増加分（A）」に占める「新株発行による払込金③」の割合を示したのが表5-5である。増資増加分からは合併による株式増加分は除いてある。例えば関西鉄道の場合、1893年の払込資本金増加はすべて新株発行によるものであるが、1899年における新株発行寄与分は62.1％である。払込金が増加しているにもかかわらず、増資による寄与分がない年度はすべて追加払込みによる。

最下段には1890年から1905年までの、払込資本金増加分に占める新株発行の割合が示してある。これをみると、讃岐鉄道以外は払込資本金増加分の半分以上、会社によっては8割以上が追加払込みによるものであったことがわかる。

表5-5 追加払込みと新株発行

	日本		九州		山陽		関西	
	払込金増加分	増資増加分	払込金増加分	増資増加分	払込金増加分	増資増加分	払込金増加分	増資増加分
年次	(千円)	(%)	(千円)	(%)	(千円)	(%)	(千円)	(%)
1890	1,800		1,509		0		788	
1891	1,371	100.0	1,163		4,095		118	
1892	1,203	100.0	37		10		2	
1893	3		0		0		873	100.0
1894	3,387	100.0	781	30.2	774		1,006	
1895	4,398		1,940	73.7	6	100.0	1,061	
1896	4,197	100.0	1,321		2,996		740	
1897	9,076	71.6	7,843	38.1	3,596		3,385	90.6
1898	4,442		7,053		1,449	8.4	815	
1899	0		4,418	100.0	2,640		2,880	62.5
1900	600		1,165		2,275		7,116	59.0
1901	600		11,469		2,452		504	
1902	600		2,110		790		0	
1903	1,560		1,024		997	49.8	0	
1904	2,337		2,611	100.0	4,283		2,987	
1905	3		1,304		1,572		0	
計	35,577	46.8	45,748	20.6	27,935	8.1	22,275	46.2
(合併除)		49.8		21.3		8.9		48.1

	甲武		讃岐		総武		筑豊	
	払込金増加分	増資増加分	払込金増加分	増資増加分	払込金増加分	増資増加分	払込金増加分	増資増加分
年次	(千円)	(%)	(千円)	(%)	(千円)	(%)	(千円)	(%)
1890	0		9					
1891	0		3					
1892	0		1				962	16.8
1893	45	100.0	2	100.0			4	100.0
1894	90		30	100.0			954	14.7
1895	296	25.3	180	100.0	7	100.0	446	100.0
1896	169	100.0	490	44.9	957		776	
1897	300		300	100.0	243	25.0		
1898	330		0		480			
1899	0		0		120			
1900	0		0		840	64.0		
1901	200	100.0	0		360			
1902	50	100.0	0		0			
1903	0		30	100.0	0			
1904	353		0		0			
1905	22		0		0			
計	1,855	29.1	1,045	73.0	3,007	20.1	3,142	34.4

出所：前掲『鉄道局年報』各年度、『大阪朝日新聞』、『中外商業新報』。

鉄道業における払込資本金の増加は新株発行による1回かぎりの株金調達ではなく、継続的な追加払込みが主流であった。意図した結果かどうかはともかく、企業にとって株主に対する強制力という点で、追加払込みが資金調達手段の主流になったものと思われる。戦前期を通じて各産業に存在していた公称資本金の未払込部分は、資金調達手段のひとつとして企業にとって大きな意味を持っていたのである。

そうではあっても、恒常的に未払込分が存在するためにはやはり新株の発行が不可欠である。旧株の払込みが完了すれば、新株の追加払いにたよらざるを得ないからである。そして新株の引受けを株主に了承させるためには、常に高株価を維持し、新株引受けにさいしてのプレミアムの取得を株主に対する投資インセンティブとして準備しておく必要があったことになる。

表5-5に登場していない南和、阪鶴、中国、徳島の各鉄道会社は開業初年度を除き新株の発行はなかった。これは決してこれらの会社が新株を発行する意図を持たなかったからではなく、発行できなかったといったほうが事実に近い。そのさいの資金調達手段のひとつが社債であった。

2 株価と社債発行

鉄道企業にとって社債発行はどのような意味を持ったのであろうか。以下では九州、山陽、関西、甲武、総武、南和、阪鶴、徳島、中国の9企業を対象に資金調達手段としての社債を検討する。

まずこの9社を低収益企業と高収益企業に分ける。基準は株価である。第3章の表3-4から、株価が額面を割っている関西、南和、阪鶴、徳島、中国の5社を低収益企業、株価が額面を上回っている九州、山陽、甲武、総武の4社を高収益企業とした。明治期の株式会社の場合、高収益は高配当を意味していたし、すでにみたように株価は配当率と強い正の相関を持っていたから、このように分類しても誤りはないであろう。

低収益企業のグループからみていこう。表5-6は1897年以降の低収益企業5社の増減資、社債発行の認可と免許の却下失効の一覧である。却下の右欄に

表 5-6　増減資と仮免許

企業名	年次	内容	金額（万円）	利率（%）	摘　要
関西	1897	社債	18.5	6.0	新線建設（加茂～木津）
		社債	55	6.0	複線化駅拡張資金
	1898	増資	360		新線建設（放手～綱島）、拡張資金不足
		増資	60		新線建設（河原田～津）
		却下	150		八幡～京都
	1899	却下	40		綱島～島町
	1900	増資	690		大阪鉄道買収
		却下	80		綱島～梅田（願下げ）
	1903	却下	100		放手～松屋町（願下げ）
	1904	社債	90	6.0	南和、紀和鉄道買収
		増資	2981.1		同上
		減資	60		仮免許失効（河原田～津）
南和	1897	増資	30		物価騰貴、暴風被害による費用、貨車新調
	1902	増資	12		機関車購入設備改良
阪鶴	1898	社債	130	10.0	建設資金不足
		増資	200		社債元利金償却、建設改築費
	1900	社債	100	10.0	借入金償却
		減資	50		会社経済整理
	1901	却下	185		福知山～舞鶴
	1902	却下	250		福知山～餘部
	1903	社債	300	8.0	社債、借入金償還
	1904	失効	100		大阪～川西
徳島	1898	社債	30	7.5	株金未払い、建設費超過
	1900	増資	45		建設費増加、車両増加
		却下	190		川田～池田（願下げ）
	1903	社債	28	7.5	借入金償還
	1904	社債	30	8.0	借入金償還
中国	1898	社債	60	10.0	株金募集困難、金融逼迫
	1900	増資	50		新線建設（岡山～湛井）
	1903	社債	72	8.0	新線建設（岡山～湛井）

出所：表5-2に同じ。

ある数字は仮免許出願時の新線建設予算である。なお、97年以降この5社の株式はほとんどの年度で額面を割っていた。

　関西鉄道は5大鉄道のひとつに数えられているが、収益状況そのものは決して良好ではなかった。1898年に仮免許が認められた増資60万円は河原田～津間の新線建設を目的としたものであったが、結局時間切れで1904年に免許は失効、

そのために60万円の減資を余儀なくされている。しかし大規模鉄道であったためか、社債の条件は利子率6％と悪い条件ではなかった。もっとも97年の社債発行は実現しなかったようで、そのかわりに借入金が急増している[13]。

株価の低位性の影響は4つの地方鉄道にはいっそう顕著にあらわれた。これらの企業の財務状況と経営内容はかなり深刻な状況にあった。南和鉄道は1897年と1902年に増資の申請を許可されているが、その後の公称資本金の推移をみるかぎり、この増資は実現しなかった。南和鉄道株は97年以降株価が額面を割り込んでいる。したがってもし新株を引き受けたとするなら、キャピタルロスが発生することは避けられず、既存株主に新株を引き受けさせることは困難であった。

阪鶴鉄道も状況は同様であった。阪鶴鉄道は建設費不足を理由に1898年に社債を発行している。利子率は10％とかなり高率であった。同じ年に20万円の増資を認可されているがこれは実現していない。阪鶴鉄道も株価は額面を大きく割り込んでいたから、当然の結果であったともいえよう。その後も1900年に30万円、1903年に100万円の社債を発行しているが、それは建設資金に充当するためではなく借入金返済の目的であった。前節で検討したように、阪鶴鉄道の固定比率は大きく100％を越えており、長期適合率も100％以上の年度が多かった。阪鶴鉄道は建設費を自己資本で賄うことができず、大量の社債発行でようやく資金繰りをつけていた。

阪鶴鉄道の発行した社債の利子率は10％であったが、当時市中貸出し金利が10％に達することは少なく条件は有利ではなかったが（表5-7参照）、それでも社債を発行せねばならない状況にあった。借金で借金を返していたわけである。結果的に1900年に本免許を得た大阪〜川西間は建設困難となり、04年には本免許そのものが失効している。

中国鉄道の株式も株価は額面の半分以下という惨憺たる有り様であった。そのため新株の募集はおろか、旧株の追加払込みでさえ困難であったと思われる。株金の未払込分は1904年にいたるも3割以上存在していたが、追加払込みに期待できない以上いきおい資金調達は社債にたよらざるを得ず、これも8％から

10％という高利率での発行であった。

1898年の徳島鉄道の最初の社債発行も株金の払込みが進まないことから発行されたものと推測される。1900年の増資にも失敗し、その後の社債発行は借入金の償還が目的であった。このような資金状況の中で鉄道建設は遅れ、同社の本線の一部ともいえる徳島～岩脇間の建設は都合2回合計3カ年仮免許の期限が延長されている。

以上みてきたように、株価が低迷し額面を割り込んだ鉄道企業、とくに地方の中小鉄道は、新株の発行どころか旧株の追加払込みさえも困難という状況が少なくなかった。結果として、他人資本の償還に充てるために高利で社債を発行するという資金的な悪循環に陥っていったのである。

3　株式の資本コスト

次に高株価を実現した鉄道企業についてみていく。九州、山陽、甲武、総武の4社である。1893年以降、この4企業の株式は株価が額面を上回っており、とくに甲武、総武の両鉄道会社はかなりの高株価を実現していた。それゆえ新株発行による資金調達は比較的容易であったであろう。額面で新株を引き受けた株主は、引き受けるだけでプレミアムを獲得できたからである。しかしながら4社とも多かれ少なかれ社債を発行していた。とくに1902年から03年にかけての甲武鉄道と総武鉄道の社債発行額は少ない額ではなく、甲武では総資産の約25％、総武では11％に達した[14]。

もちろん社債は借金であり、利息とともに返済されなければならない。一方株式で集めた資金は自己資本であり返済する必要はない。また株式配当も払う義理はあっても義務はない。一般に企業にとって、社債発行よりも新株発行による増資の方が資金調達の方法として望ましい手段であるとされるのはこのような理由による。それではこの4社が発行した社債はどのような意味を持つのであろうか。

表5-7は4社の新株発行による増資、社債発行、配当率の一覧と市中貸付金利を示している。貸付金利については2つの系列を掲げている。Aは平均

表5-7 社債発行と配当率

年次	貸付金利 (A)	(B)	九州 配当率	九州 増資・社債	山陽 配当率	山陽 増資・社債	甲武 配当率	甲武 増資・社債	総武 配当率	総武 増資・社債
1889	10.2	8.0	5.1		2.7		5.2			
1890	10.5	9.0	6.0		6.0	借入れ	6.2			
1891	9.3	7.8	5.0		3.2		6.6			
1892	8.4	7.4	4.0		3.7		8.2			
1893	7.2	5.7	5.1	債5％	4.4	債6％	9.5	借入れ		
1894	9.3	7.8	6.5		5.8		10.1	借入れ	1.0	
1895	9.6	8.5	7.6		10.8		9.0		10.5	
1896	9.3	8.3	8.1		6.7		11.6		9.2	
1897	10.2	9.3	7.7	債7％、増	7.8		11.8		13.3	債8％、増
1898	11.3	10.0	6.6	増	7.1	増	9.5		12.0	借入れ
1899	8.9	7.3	5.9	増	6.8		14.3		13.0	
1900	10.9	8.9	7.6		7.0		14.3		11.7	増
1901	11.8	11.0	7.8		7.3		12.8	増	9.5	
1902	10.3	7.3	7.7		7.7		13.2	債7.67％、増	9.0	
1903	8.6	4.0	7.9	債6.5％	8.8	債6％	12.5		8.3	債6％
1904	8.5	4.0	7.8		8.6	増	10.0		8.3	

出所：前掲『鉄道局年報』各年度、前掲『日本の金融統計』。
注：「債、％」は社債発行と利子率、「増」は新株発行による増資。

金利、Bは最低金利であるが、「本金利の平均はウェイトをつけていない機械的算術平均であるために実勢より高率であり、平均と最低の間ぐらいが実勢と考えられる」[15]。

　4社の社債の利子率はすでにみた低株価の会社のものよりも有利であり、1897年以降は6％ないし7％台であった。資金調達手段を選択するとき企業にとって最も重要な経済的要因は資本コストである。貸付金利の系列をみてわかるように、社債発行は借入れよりも資本コストの点ではっきりと有利であった。

　それでは新株発行による増資と比較するとどうなるのか。株式会社の制度上、確かに株式配当は払う義理はあっても義務はない。しかし実際にはそうはいかない理由があった。明治期において高株価は高配当と直結しており、株価の維持は追加払込みと新株の発行を円滑にすすめるための必須条件であった。投資

表5-8 鉄道会社の配当性向
(単位：％)

年次	九州	山陽	甲武	総武
1898	95.7	86.1	88.6	87.7
1899	93.3	86.6	91.2	87.6
1900	93.5	94.0	92.6	88.5
1901	95.7	94.3	90.1	95.9
1902	95.4	94.4	91.2	91.8
1903	90.9	89.3	90.9	90.1

出所：表5-2に同じ。
注：当期利益には一時金、補助金を含む。

家の側からすれば高株価によるプレミアムの獲得、すなわちキャピタル・ゲインがあってこその追加払込みであり新株の引受けであった。そのため高株価を実現している企業は配当率を簡単に下げるわけにはいかず、企業財務に一種の配当圧力ともいうべきものがかかっていた。

表5-8で示しているのは4社の配当性向である。各社の配当性向はいずれもおおよそ9割、要するに当期利益の大半を配当に回しており、それによって株式の高値を維持していたのである。当然ながら内部留保による投資などは考えられるべくもなく、この点で明治期の近代的株式会社のもう一方の代表である紡績業とは際だった対照をなしていた。もっとも鉄道業の場合、設備投資に必要な金額は紡績業とは比較にならないほど大きいから、そもそも内部留保による投資資金の調達は非現実的であったのかもしれない。

株式で集めた資金の資本コストはゼロではなく、配当率がいわば擬似的な資本コストになっていた。表5-7に示したように、各社の配当率は社債利子率よりも高く、短期的にみるかぎり増資よりも社債発行で資金を調達するほうが有利であった。

しかし社債は返済しなければならないが、株式で集めた資金は返済の必要がない。したがって長期的なコストについては、単に金利と配当率を比較するだけでは判断できない。そこで社債発行と新株発行によって生じる企業の長期的な資金の負担について比較するために若干の推計を行った。表5-9がその結果である。

九州鉄道は1903年に600万円の社債を発行している。もし600万円を新株発行で調達しようとすると、初回の払込金を12.5円として48万株発行する必要がある。初回払込12.5円は商法に定められた最低基準であるが、直近である1898、99年の増資にさいしてもやはり12.5円が発行年度の最終払込額になっているので、この額を採用してよいであろう[16]。さて、新株もいずれは追加払込みに

第5章　鉄道企業の経営と資金調達　153

表5-9　社債と新株発行

企業名	九州	山陽	甲武	総武
発行年次	1903	1903	1902	1903
社債発行額（万円）	600	140	80	60
元利合計（A）（5年、万円）	795.0	165.2	86.1	70.8
株数（万株）	48.0	11.2	16.0	4.8
1株当り払込金（円）	12.5	12.5	5	12.5
配当率（3カ年平均、年利、％）	7.80	8.35	12.82	8.50
年当り配当総額（B）（1年、50円払い、万円）	187.2	46.3	102.6	20.4
A/B（年）	4.2	3.5	0.8	3.5

出所：前掲『鉄道局年報』各年度、『中外商業新報』。

よって払込金は額面の50円に達し、最終的にはその50円に対して配当がなされる。表中の配当率7.80％は1902年から04年の3カ年平均で、九州鉄道が現在の株価を維持するためにはこの程度の配当率が必要であったと考えられる。そうなると払込みが満額に達したとき、1年当り配当総額は187万2000円となり、株価を維持するためには将来にわたって毎年この程度の資金が社外に流出することになる。

それではこの資金を社債の償還に充てるとどうなるか。いま償還期限を少し長めに5年と仮定すると、利率は6.5％であるから元利合計は795万円となり、年当り配当総額をこれに充てれば4年余で元利とも返済が可能となる。山陽鉄道で同じ試算をすると3.5年という結果が得られる。

甲武鉄道をみていこう。初回払込金は5円となっており商法の規定に満たないが、社債発行と同時期の1901、02年になされた増資の初年度未払込金は5円であったのでこれを採用する。九州鉄道と同じ方法で計算すると、社債の元利合計の償還は1年以内で可能となる。実際この社債は3年ほどで償還している。

配当圧力を抑える方策のひとつは、株主に追加払込みを求めず、新株の払込金を低位のままに置くことである。資金を持続的に株式によって調達しようと

すると、この方法を長期間継続するのは難しいが、短期的にはある程度の効果が得られる可能性がある。しかしそれでも配当総額が増大することに変わりはない。ほとんど限界に近い配当性向を持った鉄道会社にとって、配当率を維持しながら株式によって資金を調達するのは事実上困難であった。

　総武鉄道を例に検討しよう。総武鉄道が社債を発行した1903年にはまだ株式の未払込金が存在していた。しかし資金調達には追加払込みではなく社債発行を選択している。配当は払込金に比例して支払われるから、追加払込みがなされれば配当圧力はその分だけ増大するわけで、この圧力は鉄道会社が高株価を維持しようとするかぎり消えることはない。総武鉄道の場合、社債60万円を追加払込みで調達しようとすれば、毎年の配当支払いは5万1000円ずつ増加し、社債発行で社外に流出する金利支払分を当期利益に加えてもこの年度の配当性向は100％を越える。九州、甲武の両鉄道についても同様で、配当率を維持したまま社債調達分を新株発行で賄ったとすると配当性向はやはり100％を越える。山陽鉄道だけは配当性向が低下するがそれでも86％である。

　これらの企業は内部留保を犠牲にし、高い配当性向を維持することで高株価を実現していた。このような企業にとって、株式による資金調達は資本コストの点から必ずしも有利であるとはいえなかった。むしろ短期的に大きな資金を調達する場合には、むやみに払込資本金を増やして永続的な配当圧力を負担するより、社債によって資金を調達する方が有利な場合が少なくなかったのである[17]。

　株価が低迷している鉄道会社の資金調達手段は、高利の社債発行以外に選択肢がなかった。それに対して高株価を実現した企業には、資金調達の手段にいくつかの選択肢があり、そのなかで資本コストが短期的にも長期的にも最も有利な方法を選んでいたといってよいであろう。

　本節では明治期における鉄道業の資金調達を資本コストの側面から検討したが、多くが経営指標による分析であったために残された課題は多い。なかでも企業行動を分析するとき、最もわかりにくいもののひとつが意思決定過程である。企業内部では資金調達、投資決定など、さまざまな局面で重要な意思決定

がなされるが、それはおそらく経済合理性と多様な要素を含む組織原理の集合体であろう。本節は資本コストという経済合理性の一側面を軸に検討をすすめたが、それはこれが分析の大前提であると考えるからである。意思決定過程における他の要素の検討は他日にゆずらねばならない。

注
（1）　時期、企業間によって大きな差はあるが、戦後の日本企業の自己資本比率は全産業平均で30％から40％である。
（2）　西川俊作・尾高煌之助・斎藤修他編著『日本経済の200年』（日本評論社、1996年）96頁。
（3）　同上書、100頁。
（4）　現在、短期借入金は返済期限1年以内、長期借入金は1年を超える借入れと区別される。
（5）　関西鉄道は1905年に約107万円の社債を発行しているが、内98万円は外債であった。
（6）　販売費と一般管理費は厳密に区別することが困難であるため、両者を合わせて販管費とすることも多い。
（7）　例えば火事で工場が焼けた時、その損失は特別損失に計上され、保有している土地を売却すれば、その売却代金は特別利益に組み入れられる。
（8）　この表は『鉄道局年報』に記載されている各企業のデータを、現在の損益計算書の形式に組み替えたものであるが、小項目は『鉄道局年報』の項目をそのまま用いた。
（9）　北海道炭鉱鉄道は5大鉄道のひとつであるが、営業収入の77.6％は貨車収入であった。
（10）　1990年における日本の大手私鉄15社の営業利益率は13.0％である。斎藤峻彦『私鉄産業――日本型鉄道経営の展開――』（晃洋書房、1993年）98～99頁付表より。なお鉄道業における減価償却の初期的な概念は1870年代のアメリカ鉄道業に始まるとされる。
（11）　もっとも必ずしも厳格に適用されたわけでもない。『中外商業新報』物価欄によると、甲武鉄道1899年、1900年の新株初年度払込みは、額面50円に対し5円であった。
（12）　利用したのは『中外商業新報』および『大阪朝日新聞』である。
（13）　以下文中で言及する財務データは『鉄道局年報』による。

(14) 甲武鉄道は1902年に80万円、総武鉄道は1903年に60万円の社債を発行している。
(15) 後藤新一『日本の金融統計』(東洋経済新報社、1970年) 272頁。
(16) 他の3社の推計においても直近の第1回新株払込金を用いた。
(17) 紡績業においても同様な指摘がなされている。山口、前掲書、670頁。

第6章　鉄道企業の合併と株主総会

第1節　会社機関としての株主総会

　本章では鉄道企業の合併を通じて、明治期における株主総会の機能を検討する。

　日本の近代産業の多くは株式会社の形態で発展してきたが、創業期における基本的な資金調達手段は株式発行であった。その意味で、近代産業に投資した株主の役割の重要性が評価されねばならないのであるが、彼ら株主の企業内部での権利を保証する機関が株主総会である。企業が株式会社形態をとるかぎり、経営者がいかなる経営戦略をたてようと、重要な決定事項——役員の改選、利益処分、増減資、定款の改訂、合併など——は株主総会の承認を経なければ実施できない。いいかえれば株主総会は株式会社の最終的な意思決定機構なのであり、これは現在も同じである。所有と経営の分離という観点から、取締役会とならんで株主総会が会社機関として近代的株式会社の要件とされる所以である。

　しかしながらその一方で、明治期以降大きな制度的変化はほとんどなかったにもかかわらず、本来重要な機能を持っているはずの株主総会が形骸化しているといわれるようになって久しいことも事実である。それでは、株主総会の形骸化という現象は何ゆえに、またどの時点から顕在化したのであろうか。あるいは出発点においてすでに存在していた現象であったのであろうか。このことは株式会社の意思決定過程のあり方、さらには株主層の時代的な変化とも関連する問題であり、十分な考察がなされる必要があると考える。

　本章の課題は、株式会社の出発点である明治期において株主総会が実際にどのように運営されたかを確認し、総会における株主の活動と経営者側の対応を検討することによって明治期における株主総会の特質の一端を明らかにすることである。

　ここで対象とするのは、鉄道国有化以前における鉄道企業の合併にさいしての株主総会である。合併が企業にとって大問題であることはいうまでもないが、

とりわけても合併される側の株主にとっては一層深刻な問題であり、このような状況においてこそ株主総会の特質が明示的に表われるともいえよう。鉄道業は他の産業に比べて資本金規模が大きく、株式所有も比較的分散していた。したがって、少数の大株主が株主総会における議決権の過半数を占めているために、総会が実質的な意味を持たなくなるという事態は少なかった。

国有化前、開業していた鉄道企業が他の鉄道企業に合併された事例は19件あるが[1]、このうち3件（摂津、河陽、太田）は開業後の経営不振から別の会社を設立し、その新会社に資産の一切を譲渡するという形をとった。本章ではこの3例を除いた16の事例を考察するが、そのさいにまず合併条件から被合併側企業の旧株1株当りの評価額を算出する。これは合併側企業から交付された資産総額（株式交付の場合は株価総額、社債交付の場合は額面総額）から、被合併側企業が債権者に支払った債務償却分を引き、それを被合併側企業の総株数で除した数値であり、被合併側企業の株主が保有している株式1株について彼らが合併時に実際に受け取る資産額である。

被合併側企業が優先株を発行しているときは、株主総会で承認された分配案に従って普通株1株当りの額を算出した。合併後に発行される新株の優先割当が合併条件に含まれている場合は、合併時の株価から予想される新株のプレミアムを計算しこれを評価額に加えた。このようにして算出した評価額を被合併側企業の株式時価と比較し、16の事例を評価額が株価より低い場合、ほぼ等しい場合、高い場合の3つに分類し、そのそれぞれについて合併条件をめぐり株主と経営者が株主総会でどのように活動したかを検討する。なお、株主総会の経緯その他の事実関係は主に『中外商業新報』、各社社史等によっている。

第2節　評価額が株価を下回る条件による合併

1　株式買占めによる合併

表6-1には、1株当り評価額が被合併企業の株価を下回る条件で合併され

表6-1 評価額が株価を下回る条件下での合併

	企業名	株主総会	株主数	払込資本金	配当率	株価(変動係数)	1株当り評価額	合併条件
		(年、月、日)	(人)	(千円)	(年利、%)	(円)	(円)	
被合併企業	阪堺	1898.3.4	186	400	30.5	183.7 (0.069)	175.0	阪堺鉄道株1株に対し南海鉄道株2.5株を交付。
合併企業	南海	1898.3.18	1,247	2,629	3.7	70.0 (1.08)		
被合併企業	南予	1900.2.25	60	180	9.0	84.9 (0.021)	56.7	南予鉄道、道後鉄道は資本金に相当する伊予鉄道の株式を受け取る。ただし伊予鉄道株は両社の株式の2割の増価あるものとする。
合併企業	伊予	1900.2.25	246	272	10.8	68.0 (0.189)		
被合併企業	道後	1900.2.25	115	60	7.0	—	56.7	
合併企業	伊予	1900.2.25	246	272	10.8	68.0 (0.189)		
被合併企業	唐津	1901.12.12	466	1,200	0.0	13.8 (0.159)	6.9	九州鉄道株29,000株(額面145万円)を交付。
合併企業	九州	1901.10.28	5,087	30,221	7.6	48.9 (0.044)		

出所:前掲『鉄道局年報』各年度、前掲『日本鉄道史 中篇』、『大阪朝日新聞』、『中外商業新報』。
注:(1) 株主総会年月日は合併可決日。
(2) 株主数、払込資本金、配当率は合併前年度の数値。払込資本金千円未満は切り捨て。ただし南海は1898年度末、伊予、南予、道後は1899年度末の数値。
(3) 株価は株主総会における合併可決直前6カ月間の各月初旬場外株価の平均、1株当り払込金はいずれも50円。
(4) 唐津鉄道普通株1株当り評価額は株主総会で承認された優先株19株対普通株10株のウェイトで次のように算出した。
　　九州鉄道株株価×(九州鉄道株交付数−社債償却分)×10÷(優先株数×19+普通株数)
　　=48.9×(29000−24322)×10÷(10000×19+14000×10)
(5) —は不明。

た事例が掲げてある。株主数、払込資本金、配当率は、合併が承認された株主総会の前年度末(ただし、総会が年度末に行われた場合はその年の年度末)の数値であり、株価は総会の直前6カ月の場外市場における月はじめの株価の平均である。株価変動をみるために株価についての変動係数も示した[2]。係数が大きいほど株価の変動が大きく、小さければ株価は安定的であったといえる。データ数が少ないために統計的な意味は少ないが、一応の目安にはなるであろう。

評価額が株価よりも低いとき、その条件をめぐって株主総会がとくに混乱したというわけではない。むしろ平穏に総会が運営されたことのほうが多く、表6-1の4つの事例のなかでも総会が紛糾したのは1件だけであった。

阪堺鉄道は難波 堺間の小規模鉄道で、1888(明治21)年に開業した。営業状態は良好で高配当、高株価を維持し続けていた。これを合併した南海鉄道は、合併前年の1897年5月開業した中規模鉄道会社であり、堺と和歌山をつなぐ目

的で設立された。合併時における同社の配当率、株価は阪堺鉄道には遠く及ばず、阪堺鉄道株1株対南海鉄道株2株半という合併条件は阪堺側にとって不利なものであった。変動係数を見ても阪堺0.069、南海0.189と阪堺鉄道株の株価は南海より安定的であり、経営が安定していたことがわかる。

　しかしながらこの合併に阪堺側株主からの反対はほとんどなかった。というのは、南海鉄道設立に阪堺鉄道の有力株主が多数関与しており、1896年の時点で南海の200株以上所有の大株主が、阪堺鉄道の総株式数の58％を保有していたからである[3]。この合併自体阪堺側の既定方針であったのかもしれない[4]。当時の阪堺鉄道の株主総会における議決権の規定は確認できなかったが[5]、いずれにせよ株主の圧倒的多数が合併賛成派であったと考えてよいであろう。

　伊予鉄道による南予、道後両鉄道の合併も、1株当り評価額が株価を下回るという条件ながら、被合併側の株主総会では何の問題もなく承認された。南予、道後の両鉄道会社は伊予鉄道の延長路線にあたる小規模鉄道会社であるが、それぞれに収益状態は良好であり、株式の2割の減価という合併条件は被合併側にとって明らかに不利であった。それにもかかわらず合併が承認されたのは、井上要、古畑寅造という2人の人物による株式の買占めによるものであった。井上は伊予鉄道創業の当初からその経営に参加しており、1893年には重役に就任する。彼は南予、道後の両鉄道が設立された頃から3社の合同を主張していたが、「役員の共鳴を求めるばかりでなく、株主総会でも度々之を論じたが容易に実現すべき模様がない」[6]という状況であった。しかし彼の合同への意欲は衰えず、道後鉄道に対して資金融資の世話、株式の引受けなどを通じて次第に支配力を強めていく。

　一方、南予鉄道は創業当初の資金難から大阪の第七十九銀行頭取古畑寅造に出資を仰ぎ、その結果開業前には古畑自身が社長の座につくという状況になっていた。ここで井上は自ら大阪に出向き、古畑に3鉄道合同を提議し同意を得る。2人の戦略は井上が株式譲渡の取次を行い、古畑がこれを買い占めるというものであった。買占めは順調に進んだようで、道後鉄道株は9割方が古畑の手に移り、彼は1896年2月に社長に就任する。2人はさらに合併側の伊予鉄道

の株式買占めに進みこれにも成功する。合併前年の1899年11月、古畑は伊予鉄道社長に、井上は専務取締役に就任し、ここで3社の実権は名実ともにこの2人の掌握するところとなった。このように、伊予、南予、道後の3鉄道会社は強引とも思える積極的な株の買占めによって、合併以前に古畑と井上の支配下に置かれていたのであり、合併条件がどのようなものであれ総会において合併反対の意見が出るはずもなかったのである[7]。

2 唐津鉄道の合併と優先株

唐津鉄道は1894年地元唐津在住者が発起人となって設立した会社で、石炭輸送を主目的とした小規模鉄道会社である。ところがこの石炭輸送が見込みほど伸びず、開業当初からきびしい経営状態におかれた。株式も無配が続き、株主の間でも他鉄道への合併によって少しでも損失をまぬがれようとする意見が一般的であった[8]。しかしながら、唐津鉄道は大量の社債と優先株を発行しており、これらの処分をめぐり株主と経営者側の対立が株主総会で表面化する。

合併側企業である九州鉄道の最初の具体的な動きは1901年8月10日の唐津鉄道資産調査に始まる。合併と株主総会の経緯は表6-2に示してあるが、内々の協議は両社間で続けられていた。

8月31日唐津鉄道は重役会議を開き、合併が実現しない場合は設備補修に資金が必要なため、合併が急を要することを九州鉄道側に伝えることになった。九州鉄道は10月11日に重役会議を開き現金145万円で唐津鉄道を買収することを決議、これを唐津側代表（今西林三郎、南清）に通知するが、唐津側は現金170万円を主張する。ここで貝島太助が仲裁に入り、九州鉄道の申し出た145万円を九州鉄道株の額面とみなし、これを時価に換算した現金を交付するという仲裁案を出す。同年の10月の九州鉄道50円払込株式の株価は52円前後であったから、これは現金で150万円程度になる。

この案に対し九州側は株券での交付を主張する。企業合併にさいし、合併側に有利なのは現金の流失を伴わない株券の交付あるいは交換であるが、被合併側にとっては資産として確実でより流動性の高い現金の交付が望ましい。唐津

表6-2　唐津鉄道合併経緯

1901年 8.10	九州鉄道、唐津鉄道の資産を調査。
8.31	唐津重役会議
10.11	九州重役会議、九州側現金145万円、唐津側現金170万円の買収価格を主張。
10.12	唐津重役会議、145万円の額面株券で買収に応ずる決議。
10.26	唐津社債権者会議
10.28	九州株主総会、合併案可決。
11.1	九州・唐津合併仮調印 午前より唐津株主総会、優先株と普通株の配当分配をめぐり紛糾。 条件付きで合併仮定約承認。
11.2	唐津重役会議
11.8	唐津社債権者会議
12.10	唐津大株主会、合併承認。
12.11	優先株主、普通株主より3名ずつの委員で交渉するも決定せず。
12.12	午前より唐津株主総会 優先株主会の総会での議決に普通株主に異議があり、総会開会できず。 午後再度優先株株主会を開き、決議案修正。 優先株株主、普通株株主の総会でこれを可決。

出所：『中外商業新報』。

側も「株券では株主の意向を質した上ならでは」⁽⁹⁾ 応じ難しとして交渉の結着はみなかった。しかし合併を急ぐ唐津側は翌日の重役会で仲裁案に応じることになり、これを受けて九州側は10月28日に株主総会を開きこの合併案を可決する。合併は円滑に行われる見込みであったが、唐津側では受け取った九州鉄道株2万9000株の分配をめぐり総会が大きく混乱することになる。

　1901年における唐津鉄道の負債資本主要勘定は、発行済み株式数2万4000株（50円払込み普通株1万4000株、33円払込み8％利子付き優先株1万株）、社債120万円（12％利子50万円、同10％30万円、同8％40万円）であった。唐津鉄道は資金の調達に資本金を上回る社債を発行していただけでなく、普通株に匹敵するほどの優先株も発行していた。優先株にはいくつかの種類があるが、唐津鉄道が発行した優先株は配当の優先権を保証するもので、通常このような優先株は社債に近い性格を持っている。唐津鉄道の場合は配当率が8％に達するまで普通株に先んじて優先株に配当し、それでもまだ配当原資が残れば残余を普通株に配当するという条件であった。

唐津経営陣は九州鉄道株1万9850枚（額面99万2500円、時価103万2200円）で全社債を償却する計画を立て、10月26日の債権者会議に臨む。この計画は社債権者に1割程度の損失を請うものであったから、債権者側はそれに対して株券2万500枚と9月までの利子支払いを要求した[10]。唐津経営陣は株主の意向を確かめる必要を主張し、確答はしなかったものの社債償却については一応の決着をみた。

11月1日、唐津鉄道は九州鉄道と合併の仮契約を結び、同日の午前から株主総会を開会した。出席株主は全株主数の56％にあたる261名、議決権利数は1万8267票であった。これは1株1票で計算すると、全議決権利個数の約76％にあたる。総会はまず社長南清の決算報告に始まったが、利益分配案が議題にのぼるやたちまち紛糾した。経営者側の原案は、従来通り利益をすべて優先株に配当し普通株は無配というものであった。しかし普通株株主から次のような反対意見が出る。

　「元来優先株なるものは会社に利益ありたる場合に於いて普通株に対し之が先取権を有するものにして今期の如く株券の整理より生じたる利益をも配当せざるべからざるものにあらず若し此種の利益を優先株に配当するものとせば其幾分を普通株にも配当すべし」[11]

この議論が出るや「甲論乙駁容易に決せざるにより」[12]正午から2時間休会し、再開後問題となった配当案は後回しとして、合併仮契約を議題とすることになった。そこで南社長は社債権者との交渉経過を報告、九州鉄道から受け取る2万9000株のうち2万500株を社債償却に回し、残り8500株を優先株10対普通株6の割合で分配するという案を示す。しかしこの原案の議事に入るや、再び優先株株主と普通株株主との間に九州鉄道株分配に関して議論がおき「議論容易に纏るべくもあらざり」という事態になり、午後4時を過ぎても何の決定もなされなかった。事態収拾のため優先株株主、普通株株主双方から5名の委員を選び、これに会社の法律顧問を加えて別室で協議会を開くが、ここでも

「協議一敦せず」、結局社債は2万500株以内で償却する、残余8500株の分配は従来の定款にある優先株の先取権規定によらない、という条件付きで、合併と承認する旨の決議案を報告するにとどまった。これを受けて再び総会が開かれるが、利益配当の全額後期繰り越し、委員の決議案の承認だけでこの日の総会は散会した。

　翌2日、唐津経営陣は重役会議を開き、普通株株主から出た九州鉄道株分配案を協議する。優先株株主の多くは重役であったため、当初予定していた分配案から多少は譲歩しても「重役［優先株株主］は苦情を唱へず」[13] 円満に解決しようということになった。一方、11月8日第2回の債権者会議が開かれ、九州鉄道株2万500株を社債償却にあてることで双方一致したが、利子支払いの問題は交渉継続となる。

　唐津経営陣は12月10日50株以上の大株主会を開き合併の承認を得た後、翌日に株主総会を控えた12日午前から優先株株主、普通株株主双方から3名ずつの協議会を開く。重役陣の意向は、「本日の委員会にして円満なる協定を見ざるに於ては是非なく総会に於ては多数決に依りて一切を決定する見込」[14] であったが、この日の協議会でも結論は出ず、そのまま総会を迎えることになる。

　翌13日午前から再び株主総会が開かれるが、議事に入るに先立ち、まず優先株株主だけで総会を開き、経営側は九州鉄道株の分配案を再度提出する。この案は、社債およびその利子を差し引いた残りの九州鉄道株4678株を時価で換算し、優先株17円75銭対普通株8円50銭（100対47.9）の割合で分配するものであった。利子支払いによって総分配額は少なくなったが、優先株株主総会はこれを可決する。これに続き総会に移ろうとするが、ここで再び普通株株主から異議が出るのである。これに対して経営側は、当初の見込みとは異なり、総会を開会して多数決を強行しようとはせず、株主側とさらに交渉を続ける。交渉は夕刻にいたりついに決着し、優先株19円対普通株10円（100対52.6）という新分配案が再度開かれた優先株株主総会、それに引き続く優先普通両株株主総会で可決される。総会は長時間におよんだためか、清算人の選定を翌日に回しようやく散会した。

以上、評価額が株価を下回る条件で合併された例を4つみてきたが、阪堺、南予、道後の各鉄道会社はそれぞれに事情は異なるが、合併賛成派株主が圧倒的多数であったために被合併側に不利な条件であったにもかかわらず、さしたる混乱もなく総会で合併が承認されたのであろう。

唐津鉄道の場合は、合併が実現しなければ株主が新たな出資を迫られるという状況にあったがゆえに、不利な条件をのまざるを得なかったと思われる。しかし総会における一般株主の活発な動きと資産価値の保全に関する関心の強さ、さらにそれに対する経営者側のねばり強い対応には注目する必要があろう。

第3節 評価額が株価とほぼ等しい条件による合併

1 友好的合併

被合併側企業の株価と、合併側の評価額がほぼ等しかったと考えられるのは、表6-3に掲げた5つの合併の事例である。これらはいずれも合併が比較的円滑に行われ、株主総会が紛糾したという事実はなかった。

水戸鉄道は6分利付社債81万円の交付で日本鉄道に合併されている。当時額面100円同利付金禄公債の時価が102円前後であったから、時価で換算すると1株当り買収評価額は水戸鉄道の株価とほぼ同じになる。合併としては妥当な条件であったといえよう。

他の4件はいずれも、合併側企業と被合併側企業の株価の接近が合併を容易にしたものと考えられる。株価の安定性も、変動係数からみて、同じような水準にあった。『中外商業新報』は山陽鉄道と讃岐鉄道の合併について次のように報じている。

「山陽讃岐両鉄道合併談は曽て両当事者間に於て交渉を試みしも其際は両社株券の時価に少なからぬ差異ありしより何れ両社株券の時価近似せる場合に於て更に協議を遂げんとてその後は交渉中絶の姿なりしが昨今両者

表6-3 評価額が株価とほぼ等しい条件下での合併

	企業名	株主総会	株主数	払込資本金	配当率	株価(変動係数)	1株当り評価額	合併条件
		(年.月.日)	(人)	(千円)	(年利、%)	(円)	(円)	
被合併企業	水戸	1891.4.29	(*)287	(*)900	4.6	40.8 (0.023)	40.5	6分利付社債81万円を交付。
合併企業	日本	1891.4.29	(*)3,008	(*)20,000	10.1			
被合併企業	浪速	1896.7.1	233	362	6.3	81.7 (0.121)	81.9	浪速鉄道株1株に対し関西鉄道株1株を交付、浪速鉄道株主は新株15,000株の先取権を持つ。
合併企業	関西	1896.7.25	1,456	5,760	3.3	71.0 (0.079)		
被合併企業	讃岐	1904.10.28	—	1,330	9.9	59.8 (0.017)	59.9	讃岐鉄道株1株に対し山陽鉄道株1株を交付。
合併企業	山陽	1904.10.28	—	24,985	8.8	59.9 (0.022)		
被合併企業	南和	1904.10.29	—	780	5.0	29.8 (0.023)	30.6	関西鉄道12,636株と現金9,500円を交付。
合併企業	関西	1904.10.29	—	21,200	6.0	37.0 (0.017)		
被合併企業	奈良	1904.12.26	—	2,350	6.5	35.6 (0.024)	36.8	奈良鉄道株1株に対し関西鉄道株1株を交付し、現金8,300円を支払う。
合併企業	関西	1904.12.26	—	21,200	6.0	36.6 (0.020)		

出所:表6-1に同じ。
注:(1) 各欄の内容は表6-1に同じ。ただし水戸鉄道は株価は45円払込株式の東京株式取引所における受渡価格の平均。
    (2) 水戸鉄道1株当り評価額は社債額面金額で計算。
    (3) 水戸鉄道、日本鉄道(*)は株主数、資本金とも1890年度の数値。

共殆んど同一に至りたれば山鉄重役は従来の関係上より讃岐鉄道会社に向って合併談を進行せんとの申込を為したる由」[15]

　讃岐鉄道側株主には、配当率の差に見合うだけの増額を主張するものもあったが、混乱なく合併に至った。
　讃岐鉄道と山陽鉄道の合併は、株価の接近が合併を容易にした典型的な例であるが、他の3つの事例も株価の格差を株式の交換比率と現金の交付で埋め、経営者間の交渉ではさまざまな行余曲折があったが、株主総会ではほとんど異議なく合併が承認された。

2　合併条件と新株割当権

　しかしながら、それでも自ら保有する株式の価値に対する株主の関心はきわめて高かった。ここでは合併側、被合併側の株価格差を、合併後に発行される新株の割当先取権によって解消した浪速鉄道と関西鉄道の合併をみておこう。

浪速鉄道は大阪四条畷と片町をつなぐ軽便鉄道として1893年に設立されたが、翌年普通鉄道に変更された。経営状態は良好であり、開業間もない鉄道会社としては高配当、高株価を実現していた。一方、関西鉄道は当時名古屋から伊賀上野に路線をのばし大阪乗り入れを計画していたが、新線建設よりは既設鉄道の合併を有利とみて、浪速鉄道の合併に乗り出してきた[16]。

合併談は1896年6月に本格化するが、価格の点でまとまらず、浪速側は北海道炭礦鉄道社長を兼務する監査役西村捨三に交渉全権を委任する。この合併について浪速側株主は、浪速鉄道株の株価が関西鉄道よりもかなり高くなっていることを理由に、相当の価格でなければ合併には応じられないという立場をとっていた。当初関西側は、両鉄道が合併すれば浪速鉄道にとっても一層有利になるという予測を根拠に、1株対1株の無条件合併を主張していたが結局譲歩し、合併後に増資予定の新株8万4000株のうち、7500株を浪速側株主に割り当てるという条件を出した。これは浪速鉄道1株につき、新株1.5株を割り当てることになる。この提案に対し、浪速側は7月1日臨時株主総会を開き協議に入る。その結果、株主側は合併には異議なく賛成したが条件には不満を示し、経営側に再度関西鉄道との条件交渉を要求した。総会で選挙された7名の交渉委員は数日後協議会を開き、次のような2種類の条件を用意する。すなわち、

1．浪速鉄道1株対関西鉄道1.5株
2．浪速鉄道1株対関西鉄道1株と新株割当2.5株

第1案が浪速側株主にとって株価の点で有利なことは明らかである。ここでは第2案で持ち出された、合併後に発行される新株に伴うと予想されるプレミアムについて検討しておこう。当時、関西鉄道株は50円の払込みに対して71円の株価がついていた。合併後に関西鉄道が発行した新株は12.5円払いであったから、もし払込み金に対して同じ割合で株価が建てられるとすると、新株の株価は17.8円となり1株当りのプレミアムは約5.3円となる。したがって第2案によれば、浪速鉄道株1株当りの評価額は、

71円（関西鉄道旧株株価）＋5.3円×2.5＝84.3円

となり、いく分浪速鉄道の株価を上回ることになる。

交渉委員西村はこの2つの案を持って7月20日両社重役会議に臨み、協議の結果、浪速鉄道1株に対し関西鉄道1株と新株2株の先取権を与えることで決着した。この最終案に従えば、浪速鉄道株1株の評価額は81.5円となり、株価とほぼ一致する。この最終案は両社の株主総会で承認され、ここに合併が成立することになるのである。

このような交渉過程は、南和鉄道、奈良鉄道の合併に際してもみられたところであり、ここでも株主の資産価値に対する敏感な反応がうかがえる。しかしそれと同時に、経営者側も株主の資産価値の保全を計りながら、合併交渉を進めていたことも見落してはならないであろう。

第4節　評価額が株価を上回る条件による合併

1　企業業績と合併条件

表6-4には、合併時の評価額が被合併企業の株価を上回った事例が掲げてあるが、これは2つに分類される。ひとつは被合併側企業の経営が比較的良好で、合併側と対等かもしくはそれ以上の収益性を持っている場合で、両毛、筑豊、大阪、豊州の各鉄道会社がこれである。それに対して伊万里、播但、紀和の3鉄道会社は経営状態が悪く、配当率、株価が低迷していたために、合併に際しての1株当り評価額は株価よりは高いものの払込金には遠く達していない。したがって、創業以来株金の追加払込み、新株割当に応じてきた株主は大きな損失をこうむっているわけで、合併は「何とか、是から後の苦痛を薄くして損失を蒙むることのない方法」[17]としてとられたものであった。

まず経営が良好であった企業からみていこう。両毛鉄道と日本鉄道の合併談は1892年にもあったが、この時は価格の点で両毛側株主が満足せず、株主総会で否決された[18]。96年の合併交渉で示された条件は、両毛鉄道の経営状態を反映してか両毛側株主にとって有利なものであり、総会でも異議なく承認されたようである。

第 6 章　鉄道企業の合併と株主総会　171

表 6-4　評価額が株価を上回る条件下の合併

	企業名	株主総会	株主数	払込資本金	配当率	株価 (変動係数)	1株当り 評価額	合併条件
		(年, 月, 日)	(人)	(千円)	(年利, %)	(円)	(円)	
被合併企業	両毛	1896.9.16	448	1,500	9.0	86.7 (0.082)	93.3	現金280万円を支払う。
合併企業	日本	1896.9.16	2,939	26,984	9.2			
被合併企業	筑豊	1897.4.21	433	3,876	9.6	70.4 (0.081)	77.4	筑豊鉄道株1株に対し九州鉄道株1株を交付、新株73,000株を筑豊株主に割当てる。
合併企業	九州	1897.4.21	2,900	9,742	8.1	73.5 (0.049)		
被合併企業	伊万里	1898.10.30	—	290	—	—	—	九州鉄道株7,000株を伊万里鉄道株主に交付。
合併企業	九州	1898.10.28	3,765	17,584	7.7	64.1 (0.039)		
被合併企業	大阪	1900.5.15	851	3,180	11.3	94.6 (0.084)	107.4	大阪鉄道株1株に対し関西鉄道株2株と現金14円を交付。
合併企業	関西	1900.5.15	3,532	13,580	4.6	46.9 (0.061)		
被合併企業	豊州	1901.4.25	1,405	6,080	8.1	45.6 (0.068)	51.1	豊州鉄道株1株に対し九州鉄道株1株を交付。
合併企業	九州	1901.4.27	5,087	30,221	7.6	51.1 (0.017)		
被合併企業	播但	1902.10.14	547	1,127	0.0	7.0 (0.074)	9.2	6分利付山陽鉄道社債140万円を交付。
合併企業	山陽	1903.4.24	3,367	24,000	7.7			
被合併企業	紀和	1904.3.22	527	1,850	2.6	6.7 (0.099)	8.6	6分利付関西鉄道社債90万円と現金19万3,540円を交付。
合併企業	関西	1904.3.—	4,164	21,200	5.5			

出所：前掲『鉄道局年報』各年度、前掲『日本鉄道史 中篇』、久嶋惇徳『紀和鉄道沿革史』(1906年)、『大阪朝日新聞』、『中外商業新報』。
注：(1) 各欄の内容は表6-1に同じ。
　　(2) 播但鉄道、紀和鉄道1株当り評価額は社債額面金額で計算。
　　(3) 筑豊鉄道普通株1株当り評価額の計算式は以下のとおり。
　　　　九州鉄道旧株株価＋九州鉄道株新株払込金×(九州鉄道旧株株価÷九州鉄道旧株払込金－1)×新株割当株数÷筑豊鉄道旧株数
　　　　＝73.6＋11×(73.6÷50－1)×73000÷97000
　　(4) 播但鉄道の詳細な株主分配案は不明であるが、旧株(50円払込)11株対新株(12.5円払込)1.2のウェイトで分配されたと思われる。計算式は以下のとおり。
　　　　(山陽鉄道社債交付額－債務償却分)×11÷(旧株数×11＋新株数×1.2)
　　　　＝(140万円－120万円)×11÷(20000×11＋16000×1.2)
　　(5) 紀和鉄道は債務償却後、優先株1株当り関西鉄道社債面29円37.5銭、普通株1株当り8円61銭という配分案が株主総会で承認された。表中の評価額はこの数値である。

　筑豊鉄道と九州鉄道の合併交渉も順調に進んだと思われる。これは新株割当と社債の肩代りを含む合併条件が筑豊側に有利であったことに加え、両社に共通の株主が多かったことも理由としてあげられる。実際に、合併条件には筑豊鉄道の役員5名は合併後もそのまま九州鉄道の役員とするという条項まで盛り込まれていた。
　豊州鉄道も九州鉄道と共通の株主が多く、両者は「兄弟鉄道」[19]とまで言われていた。九州鉄道との合併談は、1896年に起きた両社の路線延長に関する

対立に始まるが、双方の株主の合意を得られず「九州鉄道は豊州鉄道を売れと言い、豊州鉄道は九州鉄道を売れと言い、出来ない相談のみにして合併談の如き思いも寄らぬ」[20]という事態になり実現しなかった。

再度合併交渉が始まるのは、石炭輸送の不振で豊州の経営が悪化した1901年である。豊州鉄道は新線建設の資金難と免許期限の切迫から九州鉄道との合併を計り、同年1月関西財界の重鎮である第一三十銀行頭取松本重太郎に交渉を一任する。交渉は順調に進み、4月25日の総会でも「種々質問あるも松本社長一々弁明する所あり」[21]、合併は可決された。豊州鉄道の合併には、九州鉄道の独占により「他の刺激なく他の競争なく其利を聾断するに任せて問はずんば果して如何の結果を生ずべき」という声もあり、「豊鉄の重役は大阪の株主多し而して此等の重役付率ね株式売買に熱するを以て斯る決議を見」[22]たのである、という豊州経営陣に対する批判もあった。しかしながら、豊州鉄道の株価は前年5月の急落以来低迷を続けており、この合併は豊州側株主にとって資産保全の絶好の機会だった。総会においても格別の反対がなかったのは当然の結果であったといえよう。

2　株主総会をめぐる株主の運動

大阪鉄道と関西鉄道の合併経緯は表6-5に示したが、この合併では株主総会に先立って、両社の合併賛成派、反対派の株主が入り乱れてさまざまな運動を展開した。

大阪鉄道は大阪湊町から王寺〜奈良〜桜井をつなぐ中規模鉄道で、1889年に開業した。経営状態は、配当率、株価からみるかぎりきわめて良好であり、株価も比較的安定していた。関西鉄道との合併談は1899年の末頃から進行していたようであるが[23]、翌1900年に入って具体化する。この段階での関西側の条件は大阪鉄道株1株に対し関西鉄道株2株と現金10円、それに対して大阪側は2株と30円を主張していた。

株主の動きは活発で、まず大阪鉄道の合併賛成派株主が3月2日に協議会を開き、合併可決のために臨時株主総会を開くことを決議する。大阪鉄道経営陣

表6-5　大阪鉄道合併経緯

1900年2月	関西鉄道、大阪鉄道合併談進行。
3月2日	大阪合併賛成派株主協議会
3月7日	大阪大株主会
3月15日	開西重役会議
	大阪大株主会、株主から6名、重役から3名合併委員を選挙。
3月24日	関西合併反対派の運動始まる。
3月26日	関西・大阪合併交渉委員会
	条件面で決裂。
3月30日	松本重太郎仲裁に乗り出す。
4月4日	関西合併反対派株主会
4月6日	大阪合併派、松本重太郎に交渉一任。
	関西合併反対派委員会
4月23日	合併仲裁会、合併案可決。
	大阪合併反対派運動始まる。
5月2日	関西合併反対派株主会
5月14日	大阪合併反対派は少数派を見越し、株主総会欠席を決定。
5月15日	大阪株主総会
	質問多数あるも賛成大多数により合併原案可決。
	関西株主総会
	2、3の反対あるも賛成大多数により合併原案可決。

出所：筧定蔵『大阪鉄道略歴』（1901年）、東大阪市史編纂委員会『東大阪市史資料(3)』東大阪市役所（1971年）、『中外商業新報』。

は7日大株主会を開き（179名中107名出席）大筋で合併賛成の合意を得た。これを受け片岡直温、川上左七郎以下7名の大株主と、3名の重役を合併交渉委員として選挙し、19日に関西側委員と会見、交渉が本格化する。ところがその一方で関西側株主から合併反対の動きが出始める。その中心は今西林三郎以下4名の大株主で、50株以上の株主を集め合併反対の協議会を開く計画を立てていた。彼らの意見は次のようなものであった。

「関西大阪両鉄道の合併は大いに善し然れども大阪鉄道は今や極盛の時代にして此上の発達増収を見んこと甚だ難し［その設備は］既に老朽の境に入り改修の時期目睫に迫れる如し然るに之に反し関西鉄道の今日は建設時代を離れ……将来の収利増加は今より予期し得べきものあり左れば今日に於いて……極盛時代の収益を比較して合併価格を定むるは関西にとり不

利益少からざる」[24]

　この意見は「余程勢力を有する有様」であったという。
　両社経営陣は3月26日合併交渉委員会を開く。この席で大阪側は配当率を根拠に大阪鉄道株1株に対し関西鉄道株2.8株を主張する。関西鉄道は将来の配当率上昇を見込んで、大阪1株対関西2株と現金10円を主張したが、大阪側は「前途の想望は之を止めて現在を標準として算定せざるべからず」[25]と反論し、交渉はついに不調に終った。
　今西林三郎を中心とする関西側合併反対派は、4月4日70名余の株主を集めて協議会を開き、関西側株主の満足するまで条件が折り合えば合併を可とする旨を決議し、大阪鉄道株1株対関西鉄道6分利付優先株2株という具体的な条件を持って、委員が関西鉄道田健治郎社長と会談することを申し合わせる。4月6日大阪鉄道経営陣は松本重太郎に交渉を一任するが、関西側は条件面で譲歩せず交渉は難行を続けた。
　このような状況について、『中外商業新報』は「関西大鉄合併談の内情」（4月20日、22日付）として次のような論説をしている。
　この問題は「目下大阪地方に於ける最大問題」であるばかりでなく、関係者のみならず誰しも合併を望んでいる。というのは、関西は新線の延長を計画しているが、これには150万円の費用がかかる。大阪鉄道にとってもこの新線が建設されれば強力な競争者が出現することになり、合併談が出るのは当然の成り行きであった。ところが大阪側の株主中には「各種の私利を働かんと欲するもの最も多く」、これを分類すると5種に分かれるという。

1. 大鉄の実態は想像されるほど良好ではないから、この際に合併することを望むもの。
2. 合併交渉を援助すると同時に株式売買で「大利」を得ようとするもの。
3. 合併が容易に実現しないことを見越して交渉の進行を「煽動」しながら、破談の際には重役陣の責任を追求し自ら取って代わろうとするも

の。
4．大鉄の実情を知らずなるべく高値に売りつけようとする大多数の株主。
5．合併成立の暁には他の小鉄道をも合併し、自己の勢力を大鉄道の上に確立しようとするもの。

　この中で二番目のものが合併交渉に最も勢力を持っており、大鉄株の買占めによって株価は一時150円まで急騰した。
　大阪鉄道は大株主である大塚磨の「政略」として極端に経費を切りつめ、配当を増加する方針をとっていた。その結果、社長以下一般の従業員の俸給を減額するばかりか、機関車も不足し設備も老朽化が進んでいたというのが実情であった。
　関西側株主の合併に対する態度は、当初は次の２つに分かれていたという。

1．関西の株主であると同時に大鉄の大株主でもあるものは、大鉄株の高値を維持するために沈黙を守る。
2．大鉄の内情を知らず、単にできるかぎり安値で合併したいと考えるもの。

　いずれにせよ、関西鉄道の株主は合併には賛成であった。ところが合併談が進行するにつれて大阪鉄道の内情に通ずるようになると、今西林三郎のように、株主総会に持ち出してでも合併に反対しようとする者があらわれてくる。これに大阪鉄道株の割高をみこして株式の売方の大手筋まで合併反対に協力するようになり、合併はますます困難になった。関西側経営陣は大鉄の内情を熟知していたがために、合併条件の譲歩には応ぜず、その結果が３月26日の交渉決裂であったというわけである[26]。
　結局、松本重太郎の再度の仲裁で４月23日ようやく合意に達し、「双方もしくは一方の株主総会において之を否決したる時は此契約は断然無効たるべし」[27]という条件を付して、翌24日仮調印がなされる。最終的な合併条件は、

大阪鉄道株1株に対し関西鉄道株2株と現金14円を交付するというものであった。合併案を協議する株主総会は共に5月15日に予定されていた。しかし今度は大阪側から合併反対を唱える株主が出る。これには2派あって、ひとつは旧株の割当てが不足であるとする大株主岡橋治助を中心とする一派、いまひとつは新株を大量に保有しており、新株についての条件に不満を持つ株主からなる一派であった。

関西側の合併反対派株主の活動もおさまらず、5月2日有志株主会を開き、合併反対を決議する。しかしながら、結局大阪側合併反対派のうち岡橋派は、総会の前日に「到底少数なるべきを見越して」[28] 欠席を決め、他の一派も合併不成立を断念する。大阪鉄道の株主総会は5月15日午後3時、総株主553名中412名の出席をもって開会し、「質問交々起り漸く午後五時に至り質問終結して」[29] 401名の大多数の賛成で原案を可決する。関西鉄道の株主総会も同日午後2時から開会された。出席者は委任状も含め227名、株数は19万1663株（総株数の約65％）であった。今西を中心とする合併反対派の動きは不明であるが、結局二、三の反対はあったものの合併案は大多数の賛成で可決され、3時30分に散会した。

3　低株価企業の合併

最後に、合併条件は株価を上回っていたが、創業以来の株主にとっては損失をもたらす結果となった合併について検討しよう。

伊万里鉄道は伊万里～有田間を結ぶ小規模鉄道である。設立当初は陶器輸送への期待から株式も人気を呼んだようであるが、1898年に開業するや5カ月間で1600円以上の損失を出し、その年度末を迎える前に九州鉄道に合併された。伊万里鉄道の株価は不明であるが、払込資本金29万円、借入金14万5000円という財務内容であった。

九州鉄道の示した条件は、株式時価で換算すると45万円近い額であったから、伊万里鉄道株主には合併に対する反対意見があるはずもなく、「交渉忽チ一決スルニ至レリ」[30] という結果に終わった。

播但鉄道は姫路を起点とする小規模鉄道であり、山陽鉄道の支線の位置にあった。開業は1894年であるが、経営不振が続き株式もほとんど無配であった。株主の多くは早くから山陽鉄道との合併を希望していたようで、97年に最初の合併交渉に入るが、これは破談となった。二度目の交渉は1901年に始まるが決着をみたのは2年後である。

播但鉄道は第2節で取り上げた唐津鉄道と同様に、大量の社債と借入金をかかえていたため[31]、合併にさいしての株主への分配分はわずかで、この配分をめぐり株主総会は紛糾した。債権者との交渉、合併承認に関する総会の混乱と収拾は唐津鉄道の場合と同じような経緯をたどった。その詳細には立ち入らないが、その過程で経営者側が一度は「若し株主にして飽迄頑強なる主張をなさば総会を開きて断然解散の決議」[32]をせんとする意向を表明しながらも、最後まで強硬手段に訴えなかったという事実だけは指摘しておこう。

紀和鉄道の合併では、合併側企業の株主が合併条件をめぐって大きく対立した。紀和鉄道は1898年開業の小規模鉄道であり、和歌山で南海鉄道と、五条で南和鉄道と連絡していた。開業当初から資金難が続き経営状態は決してよくなかったが、1903年の水害で決定的な被害を受け、他社との合併を余儀なくされる状況に陥った。

紀和経営陣の考えていた合併相手は南海鉄道で、1903年9月に交渉に入り、10月にはほぼ内定していたようである。紀和鉄道は10月16日50株以上の大株主会を開き、席上社長片岡直温は設備の復旧に要する費用について述べ、優先株に対する配当もおぼつかないことを報告した。

> 「株主諸君に於て［経費を節減して］行ける処まで辛抱して遣れとの事なれば当局者もどうも不愉快ながらやってもみませうが……種々研究した結果他へ合併をするより他良策がない」[33]

と述べ、引き続き社債償却、普通株、優先株への分配について詳細な計画を報告した。大株主会は会社解散に同意し、10月28日紀和、南海両社の重役会議で

合併案が決議される。合併条件は6％利付社債90万円と現金19万3540円の交付であった。仮契約はその日に調印され、あとは株主総会の承認を得るだけであった。総会の見通しは、「南海鉄道株式会社の総会に於ては議案の通過容易なるべしと雖も紀和鉄道会社は必ず一場の紛議を生ずべし」(34)というものであったが、その後の経過は逆になった。紀和鉄道側は10月31日に総会を開き、大多数の賛成で合併案を可決するが、南海側では合併案の賛否をめぐり株主間に大きな対立が生じたのである。

合併仮契約前日の10月27日、まず『紀伊毎日新聞』に「紀和線買収反対派の意見」として、南海鉄道大株主寺田甚与茂の次のような見解が発表された。

「紀和線買収は固より異議なきも両社重役間の協定価格は南海に取りては甚だ不利なり、というのは、紀和鉄道の旧株、優先株の時価総額、および社債の額面総額と借入金の総額の合計は、計89万6,592円、之紀和現在の売価とす……而して〔南海側の交付総額は〕紀和の実価と差引10万6,948円は其実価に比して過分となる」。

さらに続けて、紀和側に支払う利子その他の南海側の損失分と、紀和線から得られる収入を計算し、年間「4万4,198円24銭の損失となり結局南海の不利益を見るべき次第なり」(35)と主張した。

南海株主の合併反対派は11月5日100株以上の有志株主協議会を開き合併反対を決議、その旨を南海重役に通知し、さらに反対派意見書を公表した。経営側はこれに対して、合併原案を各株主に配布するという対抗手段に出た。

総会を間近に控えた11月17日、18日付の『紀伊毎日新聞』に、今度は「紀和線買収に関する反対派の意見書に就て」という合併賛成派の、連名によるかなり長文の意見書が発表される。賛成派は「吾輩は紀和鉄道に於て些しの関係なき」と断ったうえで、経営側の合併案を支持する。その内容は、紀和線が他社に合併されたさいの不利益を詳細な数値をあげて説き、「買収価格を評定する方法に付純益金より計上して其価格を算出したる重役の処置は至当の計算方

法にして些の異議を挿むべきものあるを見ず」というものであった。それに対して反対派の株式時価による買収価格の算出方法は「数十株、数百株の小取引を為すに当り之を以て其標準と為すと云はば或は可なるべきも」、全株式を買収するさいに時価を標準とするのは「少しく事理に通ずるものの一笑だにも値いせず」(36)と断じる。

このように賛成派、反対派ともに意見書を発表し、同意者を募り「互いに相対峙論争するに至り形勢頗る容易ならず」(37)という状況のもとで、南海鉄道株主総会は11月19日に開会された。ところが総会の冒頭に、大株主である藤田伝三郎と川上左七郎によって次のような緊急動議が提出される。

「本日南海鉄道株式会社総会に於て紀和鉄道買収案を議するに当り賛成不賛成の二派ありて結局権利個数を争い決定せむとするの勢あり小生等は此決選投票を以て直ちに之を遂行するは会社事業の為め得策にあらざるを信じ本日の総会を延期し互に協商を尽し円満に局を結ばんことを希望し玄に緊急動議を提出し左案に付株主諸君の同意を求めんとす」(38)

として、交渉委員の選定だけを主張する。この動議は満場の同意を得て、結局そのまま総会は散会した。

選ばれた10名の委員は社債利率を6％から5.5％に引き下げるという修正案を作成し、12月10日再度開かれた総会に提示し、これが可決されるのである。

しかし南海鉄道側の新提案は、翌1904年2月25日の紀和鉄道の総会で否決され、紀和鉄道はその同じ日に南海が最初に示した条件を提示した関西鉄道と合併の仮契約を結ぶ。その後南海側の訴訟などもあったが、3月22日の総会で関西鉄道への全財産の譲渡を決議し紀和鉄道は解散した。

第5節　明治期における株主総会の意義

ここまで16件の合併事例をみてきたが、まず注目されるのは、株主の投資家

としての意識の高さであろう。株主間には多様な利害関係があったが、それぞれに自己の立場を活発に主張し、経営者側の意のままになるということはなかった。大阪鉄道、紀和鉄道の合併にさいして典型的にあらわれたように、経営者側の方針が納得できない場合には大株主は真っ向うからこれに反対する。一般の中小株主も株価を基準とした自己の資産価値に鋭敏であり、合併条件に不満なときは株主総会の場で積極的に経営側に働きかけ、譲歩を得ないかぎり経営側原案を承認しない。これは唐津、浪速、播但など多くの総会でみられたところである。また経営者側もこれに対応してねばり強く交渉を続け、何とか同意を得ようとするのである。

　株主総会の運営自体で最も特徴的なことは、経営側の提出した原案に対して賛否が大きく分かれそうな場合には、経営側に有利な情勢であっても、決して多数決による採決をしないということである。これは経営者側の株主の要求に対する対応の柔軟さと表裏の関係にある現象であるが、総会前に採決強行の意を表明しながらも——経営側に有利であるという情勢判断があったからこその意思表明であるが——総会で実行されたことはなかった。また株主の側も、大阪鉄道合併反対派の総会欠席、南海鉄道株主総会の冒頭の緊急動議とその満場の賛成にみられるように、総会における採決が賛否に大きく分かれるという事態は極力避けていたと思われる。総会においては、経営側の原案が満場一致か、少なくとも大多数の賛成で可決されることが何よりも必要とされたのであり、そうなってはじめて総会の議決が意味を持ったのであろう。したがって総会にいたるまでの過程、さらにいえば総会で議決のために投票をするまでの過程が重要だったのであり、その意味で、株主総会は株式会社の意思決定機構というよりも、むしろさまざまな利害を持つ株主と経営者側の意思統一を計るための機関であったといえよう。すなわち、総会はそれ自体何かを決定する場ではなく、そこにいたるまでに合意を取り付けておかねばならないという意味で、企業の意思統一達成の最終的な保証機構として機能していたのである。

　今後の課題は明らかである。明治期には独特な性格を持ちながらも重要な機能を果していた株主総会が、いつから形骸化といわれるような状況を呈し始め

たのか、またそれは株式会社という企業形態にとって何を意味していたのか、ということである。ひとつの手がかりは機関投資家の存在である。1890年代末には、機関投資家は社債には投資していたが株式投資は少なく、鉄道会社の場合せいぜい全株式数の10％程度を保有するにとどまっていたと思われる[39]。その後、機関投資家の株式保有は次第に増加していったと考えられるが実態は不明である。機関投資家の株式投資への進出は、株式会社の意思決定にどのような影響を与えたのか、これは現在の株式会社を理解するうえでも検討されなければならない課題といえよう。

注
（1）　明治期には鉄道業の合併は商法で禁じられており、形式的にはすべて売却譲渡の形をとっていたが、実質的には合併である場合が多い。本書では煩雑さを避けるために合併という言葉を用いた。
（2）　変動係数は標準偏差を変数の平均値で除した統計量である。変数の絶対値の大きさによって標準偏差の大きさも変わるため、異なった系列にある変数の標準偏差をそのまま比較することは出来ない。そこで標準偏差を変数の平均値で除して絶対値の大きさを調整したのが変動係数で、これによって異なる数値系列にある変数の変動を直接比較できる。
（3）　松本重太郎『阪堺鉄道経歴史』（1899年）巻末表、和歌山県史編さん室『和歌山県史近現代史料四』（和歌山県、1978年）916、917頁より算出。
（4）　武知京三『都市近郊鉄道の史的展開』（日本経済評論社、1986年）188頁。
（5）　伊牟田、前掲書、208、209頁。
（6）　曽我鍛『井上要翁伝』（伊予鉄電社友会館維持会、1953年）389頁。
（7）　合併経緯についての事実関係は前掲『井上要翁伝』、高岡慎吾『五十年史』（伊予鉄道電気株式会社、1936年）によった。
（8）　日本国有鉄道『日本国有鉄道史（四）』（1972年）581頁。
（9）　『中外商業新報』1901年10月15日
（10）　主たる債権者は北浜銀行、鴻池、明治生命であった（同上、1901年10月19日）。
（11）　『中外商業新報』1901年11月2日
（12）　同、1901年11月1日
（13）　同、1901年11月5日
（14）　同、1901年12月12日

(15) 同、1904年7月1日
(16) 前掲『日本国有鉄道史（四）』484頁。
(17) 久嶋惇徳『紀和鉄道沿革史』（1906年）83頁。
(18) 足立栗園『今村清之助君事歴』（1906年）169頁。
(19) 『中外商業新報』1896年6月13日
(20) 同、1896年8月26日
(21) 同、1901年4月25日
(22) 『門司新報』田川市史編纂委員会『田川市史・中巻』（田川市役所、1976年）933頁。
(23) 『大阪朝日新聞』、東大阪市史編纂委員会『東大阪市史資料（三）』（東大阪市役所、1971年）16頁。
(24) 『中外商業新報』1900年3月27日
(25) 同、1900年3月28日
(26) この交渉決裂に驚いたのが大鉄株買方の株主で、翌日になれば株価の暴落は必死とみて「午前三時に［関西鉄道——引用者］田社長を叩き起こし百方談判再会の為委員の帰京を止めんことを促したるも田氏泰然として大鉄役員等の行為を難じ」物別れとなり、翌朝大鉄株は予想通り急落した（『中外商業新報』1900年4月22日）。
(27) 筧定蔵『大阪鉄道略歴』（1901年）22頁。
(28) 『中外商業新報』1900年5月15日
(29) 同、1900年5月16日
(30) 前掲『日本鉄道史　中篇』（1921年）402頁。
(31) 播但鉄道の社債、手形の総額は100万円以上、借入金は30万円近くに達していた。
(32) 『中外商業新報』1901年12月19日
(33) 前掲『紀和鉄道沿革史』82、83頁。
(34) 同書、89頁。
(35) 前掲『和歌山県史近現代史料四』926、927頁。
(36) 同書、927～930頁。
(37) 前掲『紀和鉄道沿革史』89頁。
(38) 同書、90頁。
(39) 野田、前掲書、268頁。

索　　引

【ア行】

預け合い………………………………32
足立孫六………………………………114
尼崎紡績…………………………83,84,92
池田彰政………………………………111
一般管理費……………………………141
井上要…………………………………162
今西林三郎…………………………163,173
インカム・ゲイン……70,71,85,90,98,100
売上総利益……………………………141
営業外損失……………………………141
営業外利益……………………………141
営業費…………………………………141
追証拠金…………………………………38
大倉喜八郎………………………………83
大阪株式取引所………………42,47,49,54
大阪鉄道…………………………80,172,174
大阪紡績…………………………………83
岡橋治助………………………………176

【カ行】

海運株………………………………48,49
回帰式………………………………47,52,56
会社機関……………………………4,159
会社弁…………………………………10
額面（金額）……5,7,71,72,92,96,97,117,121,
　　　　　　　　122,150,153
華族……77,83,111,112,115,123,124,128,129
片岡直温………………………………173
鐘淵紡績……………………………83,92,128
株価修正………………………………73
株主総会…………………4,159,162,163,167,180
株式担保金融…………………………125
株式取引所条例………………………28-30
仮免許状………………………………17
川上左七郎……………………………173
官営二千錘紡績…………………………83
関西鉄道………………36,79,148,172,175,176
間接金融………………………………127
紀伊毎日新聞…………………………178

【ア行】（続）

機関投資家……………………………181
岸和田紡績…………………………84,92
客口銭…………………………………31
キャピタル・ゲイン……70,74,90,92,98
キャピタル・ロス……………………100
九州鉄道………………78,99,115,152,171,172
強制出資………………………………101
京都株式取引所………………………43
銀行株…………………………………56
金録公債………………………………29
金録公債発行条例……………………29
経常利益………………………………141
減価償却費……………………………142
限月制…………………………………32
現場取引………………………………30
現物商………………………………37,40,44,58
現物取引………………………………30
権利株…………………………………73
小池商店………………………………38
公称資本金…………………………13,136,137
甲武鉄道……………………80,85,140,150,153
国立銀行…………………………………11,29
国立銀行条例…………………………28
小作料…………………………………76
5大鉄道…………………………………18
固定比率………………………………138

【サ行】

才取人…………………………………37
坂本市場………………………………40
差金決済取引………………………30,34
3カ月限月制……………………………32
参宮鉄道株……………………………38
山陽鉄道……………………78,85,117,154,177
直取引…………………………………32
ジキ取引………………………………32
資金調達の場………………………59,60
自己資本………………………………135
自己資本比率…………………………135
資産株………………………………47,58
資産株化………………………………59

資産選択の場	59	鉄道資本家	121, 124
時事新報	109	デモンストレーション効果	12
市場の効率性	46	寺田甚与茂	178
地主層	110	田艇吉	122
芝大商店	42	電燈株	52
渋沢栄一	83	伝法紡績	84
資本コスト	144, 150, 152, 154, 155	東京株式取引所	40
社債	135, 140, 149, 152-154	当月限	32
社債発行	135, 147	徳島鉄道	82, 150
場外市場	39, 40, 42, 44, 52, 54, 57-60	徳大寺実則	111
正米商内	33	解け合い	39
新株発行	59, 144	都市近郊鉄道	18
摂津紡績	84, 92	土地利回り	76
先月限	32	取締役会	4
泉州紡績	84, 92	取引所仲買人	37
相関係数	42		
創業株主	74, 98	【ナ行】	
増資	144, 151	内部留保	8, 135, 136, 152
総武鉄道	80, 154	仲買人	33
		仲買人口銭	31
【タ行】		中月限	32
第1次企業勃興期	13	中値段	42
第1次鉄道ブーム	16, 85, 89, 96, 97, 100	奈良原繁	118
第十五国立銀行	111	南海鉄道	81, 89, 161, 178, 179
第2次企業勃興期	13	南和鉄道	81
第2次鉄道ブーム	17, 82, 85, 89, 96, 97, 100, 121, 122	西成鉄道	82
		西村捨三	169
第一三十銀行	172	西脇国三郎	119
第百三十六銀行	38	西脇済三郎	114
高野商店	40	西脇悌次郎	118
田中市兵衛	116	二番立合	44
単年度利益回り	75	日本鉄道	34, 77, 85, 96, 98, 111, 167
担保価格	126	日本紡績	84
担保品	125	日本郵船	34
担保品手形割引制度	125	延取引	32
筑豊鉄道	80, 171	野村商店	38
中外商業新報	160		
中国鉄道	82, 121, 149	【ハ行】	
帳合米商	33	配当圧力	154
長期適合率	138	配当落ち	48, 72
直接金融	127, 128	配当性向	154
追加払込み	58, 144	配当率	47, 71
手合い止め	40	配当率に関する弾力性	47
定期取引	30	配当利回り	71
鉄道国有化	ii, 97, 101	売買地価	76

売買手数料 ……………………………………… 31
払込金に対する利益廻り ……………………… 74
阪堺鉄道 …………………… 78,89,120,161,162
阪鶴鉄道 ………………………… 81,122,149
被合併側企業 …………………………………… 160
標準偏差 ………………………………………… 75
平沼専蔵 ………………………………………… 114
平野紡績 ………………………………………… 84,92
福島紡績 ………………………………………… 84,92
藤田伝三郎 …………………………………… 83,179
不等度 U ………………………………………… 42
プールス条例 …………………………………… 30
古畑寅浩 ………………………………………… 162
プレミアム ……………………………………… 73
分割払込制度 ………………………………… 72,144
変動係数 ……………………………………… 161,167
紡績株 …………………………………………… 52
ポートフォリオ理論 …………………………… 75
北越鉄道 ………………………………………… 110
北海道炭礦鉄道 ………………………………… 142
本場立合 ………………………………………… 44

【マ行】

松方デフレ ……………………………………… 12
松平康民 ………………………………………… 121
松本重太郎 ……………………………………… 120

松屋商店 ………………………………………… 40
三重紡績 ……………………………………… 83,92
見返品制度 ……………………………………… 126
三井 ………………………… 10,112,113,117,128
三菱 ………………………… 111,117,119,123,129
南清 ……………………………………………… 163
身元保証金 ……………………………………… 37
免許状 …………………………………………… 17
紅葉屋商店 ……………………………………… 38

【ヤ行】

安川敬一郎 ……………………………………… 116
安田銀行 ………………………………………… 126
安田善次郎 ……………………………………… 112
有限責任制 ……………………………… 5,10,11,12
優先株 ……………………………………… 160,167
預金金利 ……………………… 47,49,53,54,56,57
預金金利に関する弾力性 ……………………… 47

【ラ行】

利子補給 ……………………………………… 77,79
リスク …………………………………………… 123
立会略則 ………………………………………… 10
両毛鉄道 …………………… 79,118,119,170
レピュテーション（評判） …………………… 126

【著者紹介】

片岡　豊（かたおか・ゆたか）
　1953年生まれ。早稲田大学大学院経済学研究科博士後期課程単位取得満期退学。現在、白鷗大学経営学部教授。
　主要業績　『日本経済の200年』（共著、日本評論社、1996年）、『日本鉄道史の研究』（共著、八朔社、2003年）、『生産と流通の近代像』（共著、日本評論社、2004年）、『堤康次郎と西部グループの形成』（共著、知泉書院、2006年）。

〈近代日本の社会と交通　第7巻〉

鉄道企業と証券市場

2006年12月15日　　第1刷発行　　　　定価（本体2500円＋税）

著　者　片　岡　　　豊
発行者　栗　原　哲　也
発行所　㈱日本経済評論社
〒101-0051　東京都千代田区神田神保町3-2
電話 03-3230-1661　FAX 03-3265-2993
nikkeihy@js7.so-net.ne.jp
URL：http://www.nikkeihyo.co.jp
印刷＊文昇堂・製本＊根本製本
装幀＊渡辺美知子

乱丁本落丁本はお取替えいたします．
Ⓒ Kataoka Yutaka 2006　　　　Printed in Japan　ISBN4-8188-1893-3

・本書の複製権・譲渡権・公衆送信権（送信可能化権を含む）は㈱日本経済評論社が保有します．
・JCLS 〈㈱日本著作出版権管理システム委託出版物〉
本書の無断複写は著作権法上での例外を除き禁じられています．複写される場合は、そのつど事前に、㈱日本著作出版権管理システム（電話03-3817-5670、FAX03-3815-8199、e-mail: info@jcls.co.jp）の許諾を得てください．

老川慶喜・小風秀雅 監修

近代日本の社会と交通 全15巻

* 第1巻　横浜開港と交通の近代化　　　　西川　武臣（横浜開港資料館）
  第2巻　交通政策の展開　　　　　　　　小風　秀雅（お茶の水女子大学）
  第3巻　明治の経済発展と鉄道　　　　　老川　慶喜（立教大学）
  第4巻　第一次大戦後の社会と鉄道　　　渡邉　恵一（鹿児島大学）
* 第5巻　通信と地域社会　　　　　　　　藤井　信幸（東洋大学）
  第6巻　鉄道経営者の群像　　　　　　　西藤　二郎（京都学園大学）
* 第7巻　鉄道企業と証券市場　　　　　　片岡　豊　（白鷗大学）
  第8巻　鉄道と石炭鉱業　　　　　　　　宮下　弘美（釧路公立大学）
* 第9巻　植民地の鉄道　　　　　　　　　高　　成鳳（立教大学・非常勤）
* 第10巻　鉄道建設と地方政治　　　　　　松下　孝昭（神戸女子大学）
  第11巻　近代都市の発展と水運　　　　　岡島　建　（国士舘大学）
* 第12巻　鉄道車輛鉱業と自動車工業　　　坂上　茂樹（大阪市立大学）
  第13巻　交通と観光　　　　　　　　　　本宮　一男（横浜市立大学）
  第14巻　文学と交通　　　　　　　　　　小関　和弘（和光大学）
  第15巻　近代日本の社会と交通　　　　　老川慶喜・小風秀雅編

〈＊印既刊〉